POLYGLOTT

Prag

zu Fuß entde

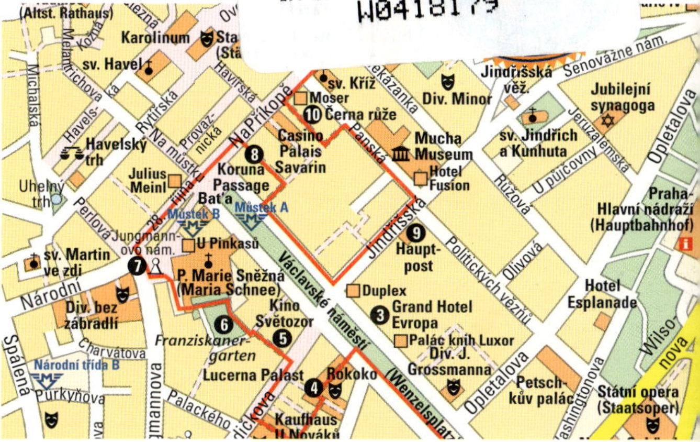

Gehen Sie zu Fuß auf Entdeckertour und erkunden Sie Ihre Lieblingsstadt mit all ihren Facetten und verborgenen Winkeln. Jede Tour führt Sie in eine andere Gegend, lässt Sie überraschende Eindrücke sammeln und Altbekanntes neu genießen.

Zeichenerklärung:

Wann

Sie sind viel im Freien unterwegs – am schönsten bei Sonnenschein

Überwiegend im Inneren – macht auch bei Regen Spaß

Am schönsten in der Abenddämmerung und danach

Dauer · Distanz

kurz Ein Spaziergang mit schönen und interessanten Orten zum Verweilen

mittel Mittellanger Fußweg und Sehenswürdigkeiten, die einen langen Aufenthalt lohnen

lang Langer Fußweg mit vielen Stationen, für die Sie sich viel Zeit nehmen sollten

Farbsystem:

- Zentrum
- Norden
- Osten
- Süden
- Westen

Herausragende Sehenswürdigkeiten sind mit * gekennzeichnet. Die Touren leiten von einer Station des öffentlichen Nahverkehrs, Bus, Straßenbahn und Ⓜ, zu einer anderen – Parkplatzsuche überflüssig.

Unsere besten city Tipps:

Hotels **Seite 128**

Anna • Aria • Carlo IV • Fusion • Klarov • Mango Hostel • Paříž • Three Crowns Hotel • U raka • U Zlaté studně

Restaurants **Seite 132**

Čestr • Giardino • Katr • Kobe • Kočár z Vídně • Krystal Bistro • Kulaťák • Les Moules • Letenský zámeček • Lví dvůr • Pálffy Palác • Restaurant Rainer Maria Rilke • Smíchovský radniční sklípek • U Pinkasů • Vinohradský Parlament

Shopping **Seite 138**

Amana • Artěl • au Gourmand • Beata Rajská • Futurista Universum • Galerie Jakubská • Interieur de l'Art • Julius Meinl • Masna na Kozím plácku • Moser • Palác knih Luxor • Palladium • Stará kamna • U zlaté číše • V Ungeltu

Nightlife **Seite 144**

Bar and Books • Buddha-bar • Cloud 9 Sky Bar & Lounge • Duplex • Futurum • James Dean • Palác Akropolis • Radost FX • SaSaZu • U malého Glena

Preiskategorien im Überblick:

Hotel (DZ inkl. Frühstück):		Restaurant (Hauptgericht):	
❍❍❍	ab 120 €	❍❍❍	ab 20 €
❍❍	bis 120 €	❍❍	bis 20 €
❍	bis 60 €	❍	bis 8 €

lang

Tour 1

Wenzelsplatz – Herzstück der Prager Neustadt

Nationalmuseum → Wenzels-Denkmal → Grand Hotel Evropa → Lucerna-Palast → Kino Světozor → Franziskanergarten → Jungmannplatz → Koruna-Passage → Hauptpost → Černá růže

Das pulsierende Zentrum der Neustadt ist der Wenzelsplatz. Mit seinen 750 m Länge wirkt er eher wie ein Prachtboulevard, nicht zuletzt durch die prägnanten Barock- und Jugendstilfassaden und den imposanten Bau des Nationalmuseums. In den typischen Passagen kann man bis spät abends bummeln und shoppen.

Start: **Muzeum (Ⓜ A/C)**
Ziel: **Náměstí Republiky (Ⓜ B)**
Wann: **tagsüber bei jedem Wetter**

Der Wenzelsplatz (Václavské náměstí) gilt als Herzstück der anno 1348 von Kaiser Karl IV. gegründeten Neustadt, er diente ursprünglich als Pferdemarkt. Heute prägt den Platz der mächtige Neorenaissance-Bau des ***Nationalmuseums** ❶ von 1890, der besonders auch bei abendlicher Illuminierung Eindruck macht. Zurzeit wird das Gebäude bis etwa 2017 restauriert, danach sind die naturwissenschaftlichen Sammlungen sowie der beeindruckende Säulensaal wieder zugänglich (Nr. 68, www.nm.cz). Das **Wenzels-Denkmal** ❷ von Bildhauer Josef Václav Myslbek ist mit der jüngeren Geschichte Prags ver-

Wenzelsplatz

bunden: Beim bronzenen Landespatron feiern die Prager seit 1918 den Gründungstag der selbstständigen Tschechoslowakei, hier fanden 1968 die Demonstrationen gegen die Okkupation des Landes durch die Truppen des Warschauer Pakts statt, und hier spielten sich auch die wegweisenden Ereignisse der »Samtenen Revolution« von 1989 ab. Ein paar Schritte weiter in der Straßenmitte erinnert eine Gedenkstätte an den Studenten **Jan Palach**, der sich an den Stufen des Nationalmuseums im Januar 1969 aus Protest gegen die Niederschlagung des Prager Frühlings verbrannte. Auf der rechten Straßenseite an Nr. 25 entstand 1906 das ***Grand Hotel Evropa** ❸ im feinsten Jugendstil. Sein berühmtes Café war besonders in den 1920er-Jahren Treffpunkt der Bohème. Die Zimmer genügten eher bescheidenen Ansprüchen, zurzeit wird das meist fotografierte Prager Hotel aufwändig umgebaut.

Auf der linken Straßenseite führt ein von oben hell erleuchteter Durchgang bei Haus-Nr. 38 in das **Palais Rokoko**. Der renovierte Palastbau ist ein anschauliches Beispiel für die typischen Passagen am Wenzelsplatz. Der Durchgang mündet in den **Lucerna Palast** ❹, den ersten Stahlbetonbau hat Vácslav Havel, der Großvater des langjährigen Staatspräsidenten, 1916 erbaut, mit einem prachtvollen hohen Saal, der noch heute für gesellschaftliche Anlässe genutzt wird, und historischem Kino. Ein Blick nach oben zeigt die kuriose Wenzels-Statue des zeitgenössischen Künstlers David Černý: ein kopfüber an den Beinen hängendes Pferd mit Reiter. In der Lucerna fährt noch einer der letzten Prager Paternoster auf und ab, und zwar gleich rechts am Seiteneingang bei der Stefangasse 61 (Štěpánská).

Lucerna-Passage

Der andere Seitenausgang führt in die Wassergasse (Vodičkova) und dort gleich in die nächste, gegenüberliegende Passage mit einer beliebten Eisdiele. Im Untergeschoss erinnert das **Kino Světozor** ❺ an die große Kinotradition des Landes (Vodičkova 41, www.kinosvetozor.cz). Die Passage führt in den grünen **Franziskanergarten** ❻, ein prima Ort zum Ausruhen nach einem

Marie Schnee

Einkaufsbummel am Wenzelsplatz (Geschäfte tgl. geöffnet). Hinter dem Kloster des Franziskanerordens steht die unvollendete Kirche ***Marie Schnee**, deren Schiff sogar noch höher ist als das vom St.-Veits-Dom; die Hussitenkriege im 15. Jh. verhinderten die Vollendung der groß angelegten Pläne von Karl IV. Der Ausgang des im Winter bis 19 und im Sommer bis 22 Uhr geöffneten Gartens führt zum **Jungmannplatz** ❼ (Jungmannovo náměstí). Die Statue von Josef Jungmann erinnert an seinen Beitrag zur nationalen Wiedergeburt in Form des ersten Wörterbuchs Tschechisch-Deutsch im 19. Jh. Der untere Bereich des Wenzelsplatzes formt mit dem Graben (Na Příkopě), der Straße des 28. Oktober (28. října) und der Verlängerung Na můstku (Am Brückerl) ein lateinisches Kreuz. An der Straßenecke zum Graben zieht die **Koruna Passage** ❽ mit ihrer markanten Kuppel die Blicke an (Václavské náměstí 1). Wieder zurück in der Mitte des Wenzelsplatzes, geht es zur **Hauptpost** ❾ mit ihrer herrlichen Innenfassade (tgl. 2–24 Uhr, Jindřišská 14). Auf dem Weg zum Graben lohnt sich bei Nr. 12 ein Besuch der Passage **Černá růže** ❿ (»Schwarze Rose«) aus den frühen 1930er-Jahren und dem Glasgeschäft Moser (s. Shopping S. 142).

Touren im Anschluss: 2, 3, 4, 7, 9, 13

Josefov
(Josefstadt)
Staré Město
(Altstadt)
Nové Město
(Neustadt)
Bílkova
Katr
Masna
Spanische Syn.
sv. Duch
Vězeňská
V kolkovně
Dlouhá
Široká
El. Krásnohorské
Kozí
Rybná
Revoluční
Soukenická
Truhlářská
Zlatnická
Hotel Imperial
Benediktská
Masná
James Dean
Beata Rajská
Dušní
au Gourmand
Kinský-Palais
Palladium
Na Poříčí
Kotva
Náměstí
sv. Josef
Nám. Republiky B
Republiky
V Celnici
Havlíčkova
Salvátor
Image
Pařížská
Týnská ulička
Týnská
M. Štupartská
sv. Jakub
Ungelt/ Teynhof
Buddha-bar
Hotel Paříž
U Obecního domu
Jakubská
V Ungeltu
Galerie Jakubská
Štupartská
Staroměstské nám.
(Altstädter Ring)
Mikulášská
Týnský chrám
(Teynkirche)
Artěl
Králodvorská
Obecní dům
(Gemeindehaus)
Praha-Masarykovo nádraží
Prašná brána
(Pulverturm)
Hybernská
Celetná
Staroměstská radnice
(Altst. Rathaus)
Orloj
Železná
Ovocný trh
Kobe
Na Příkopě (Am Graben)
Senovážná
Dlážděná
Hotel Carlo IV
Senovážné nám.
Karolinum
Kožná
Stavovské divadlo
(Ständetheater)
Melantrichova
sv. Havel
Michalská
Havířská
sv. Kříž
Nekázanka
Div. Minor
Jindřišská věž
Jubilejní synagoga
Moser
10 Černá růže
Rytířská
Havelská
Havelský trh
Na můstku
Provaznická
Na Příkopě
Casino Palais Savarin
Panská
Mucha Museum
sv. Jindřich a Kunhuta
Jeruzalémská
Opletalova
Hotel Fusion
U půjčovny
Růžová
Uhelný trh
Julius Meinl
8
Koruna Passage
Baťa
Můstek A
Můstek B
28. října
Perlova
Jungmannovo nám.
U Pinkasů
Jindřišská
9
Hauptpost
Politických vězňů
Olivová
Praha-Hlavní nádraží
(Hauptbahnhof)
sv. Martin ve zdi
7
P. Marie Sněžná
(Maria Schnee)
Václavské náměstí
(Wenzelsplatz)
Duplex
Hotel Esplanade
Národní
Div. bez zábradlí
Kino Světozor
6
3 Grand Hotel Evropa
Palác knih Luxor
Wilsonova
Franziskanergarten
5
Div. J. Grossmanna
Charvátova
Spálená
Národní třída B
Lucerna Palast
Opletalova
Petschkův palác
Washingtonova
Státní opera
(Staatsoper)
Purkyňova
Jungmannova
Palackého
4 Rokoko
Vodičkova
Kaufhaus U Nováků
Div. ABC
Neues Gebäude Nationalmuseum
Vladislavova
V jámě
Amana
Wenzels-Denkmal
2
Muzeum C
Muzeum A
Schwarzenberský palác
Div. Kalich
sv. Václav
Čestr
1 Národní muzeum
(National-museum)
Vinohradská
Nejsv. Trojice
Div. Komedie
Lazarská
Školská
Činoherní klub
Legerova
Novoměstská radnice
(Neustädter Rathaus)
Navrátilova
Štěpánská
Ve Smečkách
Krakovská
Mezibranská
Rubešova
Římská
Řež-nická
Příčná
Čelakovského sady
Škrétova
N
Žitná
Žitná
0
200 m
1 cm = 120 m
Schnirchova vila

kurz

Am Platz der Republik

Pulverturm → Gemeindehaus → Palladium → Nationalbank → Jubiläums-Synagoge → Hauptbahnhof → Staatsoper → Neues Gebäude Nationalmuseum

Diese Tour verbindet wie die vorige den Platz der Republik mit dem Wenzelsplatz, aber genau andersherum. Vom Gemeindehaus, dem prächtigsten Jugendstil-Gebäude der Stadt, führt der Weg durch die wenig bekannte Passage der Nationalbank zum Hauptbahnhof und an der Staatsoper vorbei zum neuen Gebäude des Nationalmuseums.

Start: **Náměstí Republiky (Ⓜ B)**
Ziel: **Muzeum (Ⓜ A/C)**
Wann: **tagsüber bei jedem Wetter, die Jubiläums-Synagoge ist nur April–Okt., außer Sa, geöffnet**

Pulverturm

An der nordöstlichen Grenze zwischen Altstadt und Neustadt stand einst ein alter Palast, in dem die böhmischen Könige von 1383 bis 1484 residierten. Nebenan ließ Vladislav II., anlässlich seiner Krönung Ende des 15. Jh., einen neuen gotischen Turm errichten. Als die Herrscher nur noch auf der Burg siedelten, lagerte man Schießpulver in dem Turm, der seitdem ***Pulverturm** ❶ genannt wird. Aber erst im 19. Jh. erhielt er seinen charakteristischen Spitzturm durch Josef Mocker. Sehenswert ist eine kleine

Ausstellung im mittleren Stockwerk über die nicht realisierten Bauprojekte im alten Prag.

Anstelle des einstigen Königspalasts bauten die beiden Architekten Osvald Polívka und Antonín Balšánek mit einem Dutzend weiterer Architekten, Bildhauer und Maler das ***Gemeindehaus** ❷. Das Gebäude markierte 1911 den Höhepunkt des Jugendstils und entsprach gestalterisch wie inhaltlich dem gesteigerten Bedürfnis nach kulturellem Engagement und weltstädtischer Repräsentation. Im Smetana-Saal, der heute für Konzerte genutzt wird, wurde 1918 die Republik ausgerufen, und hier wird jedes Jahr am 12. Mai mit der Aufführung von Smetanas sinfonischer Dichtung »Mein Vaterland« das Musikfestival Prager Frühling eröffnet. Für gastronomische Höhepunkte sorgen ein prächtiges Jugendstilcafé nach Wiener Vorbild und ein stilvolles französisches Restaurant; das Untergeschoss beherbergt ein Bierlokal und eine amerikanische Bar (Nr. 5, www.obecni-dum.cz).

Pilsner Bierlokal

Ein weiterer prominenter Bau am Platz der Republik ist das Einkaufszentrum **Palladium** ❸ mit 200 Geschäften und großem Food Court (Nr. 1, www.palladiumpraha.cz). Rechts davon zeigt das Theater **Hybernia** heute überwiegend Musicals (Nr. 3, www.hybernia.eu). Früher diente dieses Palais U Hybernů (Bei den Hybernern) als Franziskanerkloster; in dessen Hof wurden übrigens die ersten Prager Kartoffeln angebaut.

Die Straße Am Graben (Na Příkopě) verbindet den Platz der Republik mit dem Wenzelsplatz. Unübersehbar ist dort das mächtige Gebäude der **Tschechischen Nationalbank** ❹. Im ehemaligen Tresor erfährt man in einer Ausstellung Interessantes über Geld (Na Příkopě 28). Eine kleine Passage durch das Bankgebäude führt zum Heuwaagplatz (Senovážné náměstí), den Karl IV., ähnlich wie den Wenzelsplatz, als zentrale Anlage der Neustadt entwarf. Der Platz mit dem mächtigen Luxushotel Carlo IV (s. Hotels S. 129) liegt im ruhigen Rückzugsgebiet des Wenzelsplatzes. Hier fällt der gotische Turm der **Heinrichkirche** auf, der aber nicht mehr zur Kirche gehört, sondern ein hochpreisiges Restaurant beherbergt. Weiter geht es durch die Jerusalemgasse (Jeruzalemská) zur einzigen Synagoge außerhalb des jüdischen Viertels: Die **Jubiläums-Synagoge** ❺ entstand erst 1906 im maurischen Stil, vermischt mit den damals beliebten Jugendstilmotiven (Nr. 7, April–Okt. tgl. außer Sa 11–17 Uhr).

Ein kleiner, bei Einheimischen oft Sherwood Forest genannter Park, führt zum neuen Gebäude vom **Hauptbahnhof** ❻. Das Jugendstilgebäude von 1906 befindet sich auf der gegenüber liegenden Seite der Magistrale, das Innere wurde gerade aufwändig restauriert (Wilsonova 16/18). Ein wenig verloren inmitten der Magistrale steht die neoklassizistische ***Staatsoper** ❼, erbaut von den Wiener Architekten Fellner und Helmer 1888 als Neues Deutsches Theater. Das Repertoire umfasst Werke von Wagner und Verdi, das Haus gehört heute zum Nationaltheater (Wilsonova 4, www.narodni-divadlo.cz). Die Tour schließt mit dem **Neuen Gebäude vom Nationalmuseum** ❽ ab (Vinohradská 1, www.nm.cz, tgl. 10–18 Uhr). Ein guter Tipp sind die leckeren Steaks im Restaurant Čestr (s. Restaurants S. 133) im hinteren Teil des Gebäudes.

In der Staatsoper

Touren im Anschluss: 1

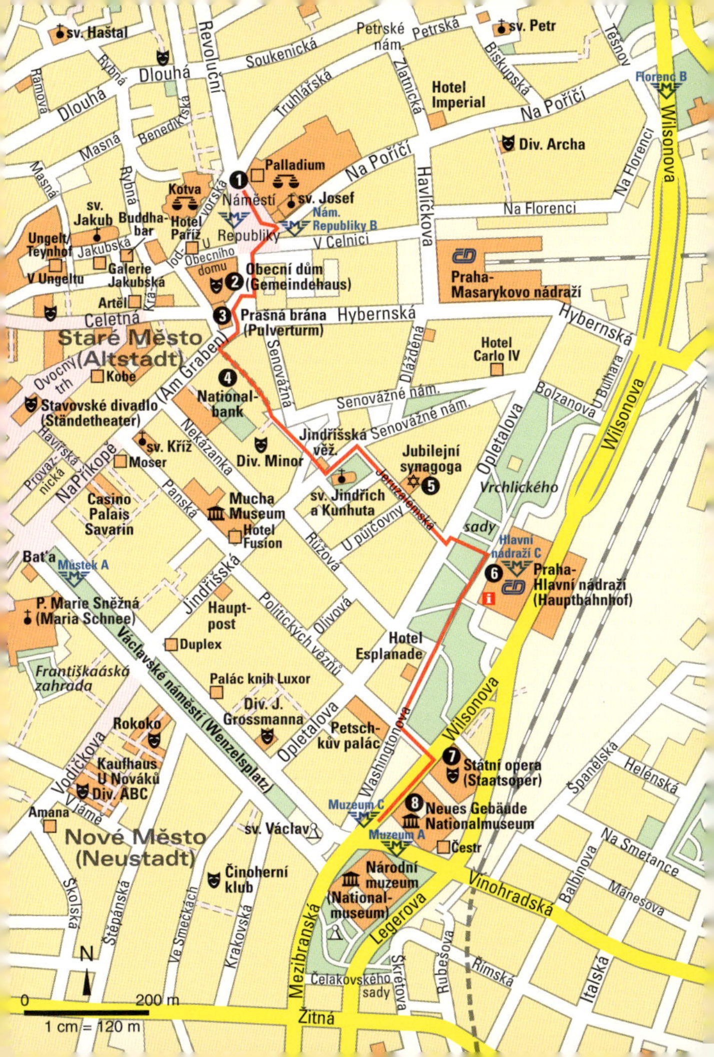

sv. Haštal
Revoluční
Petrské nám.
Petrská
sv. Petr
Soukenická
Rybná
Dlouhá
Rámová
Truhlářská
Zlatnická
Biskupská
Těšnov
Florenc B
Hotel Imperial
Na Poříčí
Wilsonova
Benediktská
Masná
Div. Archa
Palladium
Na Florenci
Kotva
Náměstí Republiky
sv. Josef
Nám. Republiky B
Havlíčkova
sv. Jakub
Buddha-bar
Hotel Paříž
Ungelt/Teynhof
Jakubská
U Obecního domu
V Celnici
V Ungeltu
Galerie Jakubská
Obecní dům (Gemeindehaus)
Praha-Masarykovo nádraží
Artěl
Celetná
Prašná brána (Pulverturm)
Hybernská
Staré Město (Altstadt)
Ovocný trh
Kobe
Am Graben
Nationalbank
Senovážná
Dlážděná
Hotel Carlo IV
Senovážné nám.
Bolzanova
U Bulhara
Stavovské divadlo (Ständetheater)
Havířská
sv. Kříž
Moser
Nekázanka
Div. Minor
Jindřišská věž
Jubilejní synagoga
Opletalova
Provaznická
Na Příkopě
Panská
Jeruzalémská
Vrchlického sady
Casino Palais Savarin
Mucha Museum
Hotel Fusion
sv. Jindřich a Kunhuta
U půjčovny
Růžová
Hlavní nádraží C
Praha-Hlavní nádraží (Hauptbahnhof)
Baťa
Můstek A
Jindřišská
Hauptpost
Politických vězňů
Olivova
P. Marie Sněžná (Maria Schnee)
Duplex
Hotel Esplanade
Václavské náměstí (Wenzelsplatz)
Františkánská zahrada
Palác knih Luxor
Div. J. Grossmanna
Petschkův palác
Washingtonova
Rokoko
Vodičkova
Kaufhaus U Nováků
Div. ABC
Státní opera (Staatsoper)
Španělská
Helénská
V jámě
Amana
Muzeum C
Neues Gebäude Nationalmuseum
sv. Václav
Muzeum A
Čestr
Nové Město (Neustadt)
Na Smetance
Činoherní klub
Národní muzeum (Nationalmuseum)
Vinohradská
Balbínova
Mánesova
Školská
Štěpánská
Ve Smečkách
Krakovská
Mezibranská
Legerova
Rubešova
Římská
Italská
Čelakovského sady
Škrétova
Žitná
N
0
200 m
1 cm = 120 m

Tour 3

mittel

Rund um den Altstädter Ring

Karolinum → Ständetheater → Sparkasse → Kohlenmarkt → St.-Jakobs-Kirche → Teynhof → Teynkirche → Kinský-Palast → St.-Nikolaus-Kirche → Altstädter Rathaus

Der Altstädter Ring im Herzen der Altstadt ist ein wahres Schmuckstück und mit seinen netten Cafés auch beliebter Treffpunkt zu jeder Tageszeit. Auf dem Weg dorthin lohnt sich ein Zickzack-Kurs durch das Gassengewirr, um etwa die älteste Universität nördlich der Alpen, Mozarts Ständetheater oder den ruhigen Teynhof zu entdecken.

Start: **Náměstí Republiky (Ⓜ B)**
Ziel: **Staroměstská (Ⓜ A)**
Wann: **bei jedem Wetter, Museen am Mo geschl.**

Vom Platz der Republik aus führt die Zeltnergasse (Celetná) durch den **Pulverturm** zum orangefarbenem Eckhaus **Zur Schwarzen Mutter Gottes** (s. Tour 10). Hier zweigt nach links der Obstmarkt (Ovocný trh) ab, im Winter eine beliebte Fläche zum Schlittschuhlaufen. Dort steht rechter Hand das Hauptgebäude vom altehrwürdigen **Karolinum ❶**. Kaiser Karl IV. gründete hier 1348 die erste Universität Mitteleuropas. Vom ursprünglichen Gebäude blieb der reich dekorierte gotische Erker erhalten. Noch heute erhalten Absolventen ihre Diplome feierlich in der großen Aula überreicht. Das hellgrüne **Ständetheater ❷** gegenüber entstand 1783 als erstes

Karolinum

steinernes Theater im Moldautal. Ruhm erlangte das Haus bereits 1787 durch die Uraufführung von Mozarts Don Giovanni; die Premiere seiner letzten Oper vier Jahre später, La clemenza di Tito, konnte jedoch an diesen Erfolg nicht anknüpfen. Das mehrfach umbenannte Theater bezaubert durch sein bläuliches Interieur (Ovocný trh 1, www.narodni-divadlo.cz). Für die Aufnahmen zum Film »Amadeus« wurde vorübergehend die Kerzenbeleuchtung wieder eingebaut.

Sparkassenhalle

Die Rittergasse (Rytířská) führt durch das Gallusviertel – benannt nach der Kirche des. Hl. Havel – und dem gleichnamigen Markt weiter durch die Altstadt. Hier fällt vor allem das mächtige Gebäude der **Sparkasse ❸** auf, das 1894 im Neorenaissance-Stil entstand (Nr. 29). Werktags lohnt sich eine Besichtigung des Gebäudes mit seiner prachtvollen Halle in der ersten Etage.

Den dreieckig geformten **Kohlenmarkt ❹** (Uhelný trh) säumen die 1678 eröffnete Bierstube Zu den zwei Katzen (U dvou koček) und die Stadtpolizei (beide an Nr. 10) sowie die öffentliche Toiletten in der Mitte des Platzes. Der Spaziergang durch das Labyrinth der Altstadtgassen führt durch die Michalská bis zur Straße Malá Štupartská. Dort gilt die ursprünglich gotische ***St.-Jakobs-Kirche ❺**, dank überragender Akustik, als beste Adresse für klassische Konzerte.

Der direkte Weg zum Altstädter Ring führt durch den »Ungelt« genannten **Teynhof ❻**, in dem seinerzeit die fahrenden Händler ihre Waren verzollen mussten, bevor sie diese auf dem Altstädter Ring verkaufen durften. Das gemütliche Plätzchen säumen heute kleine Cafés und Geschäfte u.a. für Holzspielzeug. Nach dem idyllischen Hof rückt die 1339 erbaute katholische *Teynkirche ❼ mit ihren beiden gotischen Türmen (Staroměstské náměstí 14) ins Blickfeld. Im barocken Inneren ist die marmorne Grabplatte des dänischen Astronomen Tycho Brahe zu sehen, der zusammen mit Johannes Kepler in Prag die Grundlagen für die Berechnung der Planetenbahnen entwickelte.

Von hier aus zeigt sich die volle Pracht des ***Altstädter Rings** (Staroměstské náměstí), an dem früher alle wichtigen Ereignisse der Stadt – von Feierlichkeiten bis Hinrichtungen – stattfanden.

Am Altstädter Ring

Auffallend in dem Häuserensemble ist rechter Hand das breite **Palais Kinský ❽**, das heute einen Teil der Nationalgalerie beherbergt (Nr. 12, www.ngprague.cz, tgl. außer Mo 10–18 Uhr). Davor steht die Statue des Reformators **Jan Hus**, der die tschechische Sprache vereinfachte und 1415 während des Konzils in Konstanz, trotz Zusage freien Geleits, wegen seiner Lehre auf dem Scheiterhaufen verbrannt wurde. Dahinter ist die weiße ***St.-Nikolaus-Kirche ❾** zu sehen, heute das Zentrum der hussitischen Gemeinde. Das bedeutendste Gebäude am Altstädter Ring ist das ***Altstädter Rathaus ❿** aus dem 14. Jh. mit dem mächtigen Rathausturm sowie weiteren Gebäudeteilen, die vor kurzem renoviert wurden (Nr. 3). Turm, Katakomben und einige Säle können besichtigt werden (s. Tour 10).

Highlight des Rathauses ist die ***Astronomische Uhr** mit einem berühmten Figurenspiel von Jesus und seinen Aposteln, die zur vollen Stunde aus den zwei blauen Fenstern herausschauen. Die obere Sphärenscheibe zeigt sowohl die altböhmische als auch die mittelböhmische Zeit an.

Touren im Anschluss: 5, 6, 8, 11, 12

Josefov (Josefstadt)
Staré Město (Altstadt)
Vltava (Moldau)
Rudolfinum
Alter jüd. Friedhof
Obřadní síň
Klausová syn.
Pinkasova syn.
Altneu-Synagoge
Vysoká syn.
Spanische Syn.
sv. Duch
Maiselova syn.
Univerzita Karlova
Staroměstská A
Říše loutek
Měst. knih.
St. Nikolaus
Magistrát
Staroměstská radnice (Altst. Rathaus)
Orloj
Staroměstské nám. (Altstädter Ring)
Týnský chrám (Teynkirche)
Ungelt/Teynhof
Kinský-Palais
St.-Jakobs-Kirche
Kotva
Hotel Paříž
Buddha-bar
Palladium
sv. Josef
Náměstí Republiky
Nám. Republiky B
Obecní dům (Gemeindehaus)
Prašná brána (Pulverturm)
Praha-Masarykovo nádraží
Hotel Imperial
Církev bratrská
sv. Haštal
Karolinum
Stavovské divadlo (Ständetheater)
sv. Havel
Sparkasse
Havelský trh
Klementinum
sv. František z Assisi
Altstädter Brückenturm
Karel IV
Staroměstský mlýny
Muzeum loutek
Archiv hl. m. Prahy
sv. Jiljí
Betlémská kaple (Bethlehemskapelle)
Futurista Universum
Div. Na zábradlí
Náprstkovo muz.
Restaurant Rainer Maria Rilke
Klášter šed. sester
sv. Kříž
sv. Bartoloměj
Divadlo Metro
sv. Martin ve zdi
Kohlenplatz
P. Marie Sněžná (Maria Schnee)
U Pinkasů
Můstek A
Můstek B
Baťa
Julius Meinl
Casino Palais Savarin
Moser
sv. Kříž
Mucha Museum
Hotel Fusion
Div. Minor
Jindřišská věž
sv. Jindřich a Kunhuta
Jubilejní synagoga
Hauptpost
Duplex
Václavské náměstí
Na Příkopě
Celetná
Ovocný trh
(Am Graben)
Hybernská
Havlíčkova
Revoluční
Dlouhá
Pařížská
Široká
Kaprova
17. listopadu
Mánesův most
Jana Palacha nám.
Křižovnická
Karlova
Národní
Smetanovo nábřeží
Dvořákovo nábř.
Kosárkovo nábř.
Novotného lávka
N
0
200 m
1 cm = 120 m

mittel

Die Nobelmeile Pariser Straße

Kaufhaus Kotva → Börse → St.-Nikolaus-Kirche → Altneu-Synagoge → Hotel InterContinental → Čech-Brücke → Juristische Fakultät → Rudolfinum → Kunstgewerbe-museum → Philosophische Fakultät

Vom Altstädter Ring zur Moldau führt der nobelste Boulevard der Stadt. In den letzten zwei Jahrzehnten hat sich die Pariser Straße mit ihren vom Jugendstil geprägten Prachtbauten zu einer renommierten Adresse für Luxus-Shopping entwickelt. Vor allem Einheimische zählen neben betuchten Touristen zu den Kunden.

Start: **Náměstí Republiky (Ⓜ B)**
Ziel: **Staroměstská (Ⓜ A)**
Wann: **bei jedem Wetter**

Zunächst etwas Kontrastprogramm in punkto Shopping: Das **Kaufhaus Kotva** ❶ am Platz der Republik entstand Mitte der 1970er-Jahre als vornehmstes Kaufhaus der Stadt (Náměstí Republiky 8, Mo–Fr 9–20, Sa bis 19, So bis 18 Uhr). Inzwischen versucht es tapfer seine Position gegenüber dem Palladium zu verteidigen und bietet in seinen renovierten Räumen allenfalls kleine Inseln mit Prestigemarken. Interessant ist das Kotva als Beispiel für die kommunistische Architektur.

Rechts vom Kotva führt ein kleiner Durchgang durch das Haus an der Revolutionsstraße 3 (Revoluční) zur Fischgasse (Rybná) mit dem modernen Gebäude der **Börse** ❷. Die 1992 gegründete Prager Wertpapierbörse verwaltet den Index PX

(Rybná 14). Ein kleiner Spaziergang führt durch die Fleischgasse (Masná) mit einer kuriosen Einrichtung: Im **Beer Spa** kann man tatsächlich in Bier baden (Nr. 5, www.pivnilaznebbbpraha.cz).

Die hussitische **St.-Nikolaus-Kirche** ❸ markiert den Beginn der Pariser Straße (Pařížská) ein paar Schritte hinter der Einmündung der Langen Straße (Dlouhá) in den Altstädter Ring. Sie wurde – wie der Namensvetter St.-Nikolaus-Dom auf der Kleinseite – vom berühmten Barockarchitekten Kilian Ignaz Dientzenhofer erbaut. Unter sehenswerten Fresken in der Kuppel finden fast täglich klassische Konzerte statt. Befand sich in der **Pařížská** früher noch eine bunte Vielfalt an Geschäften und günstigen Esslokalen, sind es heute ausnahmslos Edel- und Modeboutiquen international bekannter Hersteller sowie exklusive Restaurants – wie etwa das Les Moules (s. Restaurants S. 135). Die Straße entstand erst Ende des 19. Jh. durch die Sanierung des einstigen jüdischen Viertels, von dem nur noch die Synagogen, das Rathaus und der Friedhof übrig geblieben sind. Den Boulevard säumen prachtvolle Häuser mit Jugendstilelementen an den Fassaden.

St.-Nikolaus-Kirche

Bei der Einmündung der Maiselgasse (Maiselova) auf der linken Straßenseite enden die Gründerzeitbauten bei der ***Altneu-Synagoge** ❹, der ältesten Synagoge Mitteleuropas (s. Tour 5). Auf der rechten Straßenseite folgt nach einem kleinen Platz das **Hotel InterContinental** ❺ an der Stelle des Hauses, in dem früher einmal Franz Kafka wohnte. Empfehlenswert ist der Sonntagsbrunch oben im Restaurant Zlatá Praha mit Aussicht auf die Pariser Straße und auf die Türme der Altstadt, besonders von den Tischen 4 und 5 (Pařížská 30).

Über die mit gelben Säulen und Jugendstildekor gestaltete **Čech-Brücke** ❻ setzt sich die Pariser Straße über die Moldau hinweg bis zum grünen Letná-Plateau fort, wo ein weithin sichtbares Metronom den schnellen Wandel in der heutigen Zeit darstellt. Gegenüber dem Hotel zieht die **Juristische Fakultät** ❼ der Karls-Universität mit ihrem Spitzgiebel den Blick auf sich. Bereits 1913 plante der wegweisende Architekt Jan Kotěra den markanten Bau, allerdings konnte er die Fertigstellung 1931 selbst nicht mehr erleben (Náměstí Curieových 7).

Zlatá Prha

Entlang der Straßenbahnschienen in Richtung Ⓜ Staroměstská folgen weitere monumentale Gebäude im Neorenaissance-Stil. Zunächst das ***Rudolfinum** ❽ von 1884, das häufig auch »Haus der Künstler« genannt wird (Alšovo nábřeží 12). Am Sitz der Tschechischen Philharmonie finden regelmäßig Konzerte statt. Fast noch ein Geheimtipp ist das ruhige Café Rudolfinum, in dem die Zeit stehen geblieben scheint.

Rudolfinum

Gegenüber steht das **Kunstgewerbemuseum** ❾, das Kunsthandwerk von der Antike bis ins 19. Jh. zeigt und interessante Ausstellungen rund um Glas, Porzellan und Keramik veranstaltet (17. listopadu 2, www.upm.cz).

Die daneben liegende **Philosophische Fakultät** ❿ der Karls-Universität besuchte einst der Student Jan Palach (s. Tour 1), inzwischen Namensgeber für den Platz zwischen den Gebäuden (Náměstí Jana Palacha 2).

Touren im Anschluss: 5, 6, 8, 11, 12

Staré Město (Altstadt)
Josefov (Josefstadt)
Vltava (Moldau)
Letenské sady
Štefánikův most
Čechův most
Čech-Brücke
Mánesův most
Karlsbrücke
nábřeží Ludvíka Svobody
nábřeží Edvarda Beneše
Dvořákovo nábř.
Kosárkovo nábř.
Revoluční
Havlíčkova
Na Poříčí
Hybernská
Celetná
Na Příkopě (Am Graben)
Pařížská
Dlouhá
Široká
Kaprova
Křižovnická
Karlova
Husova
Železná
Melantrichova
Michalská
Praha-Masarykovo nádraží
Nám. Republiky B
Staroměstská A
Náměstí Republiky
Staroměstské nám. (Altstädter Ring)
nám. Jana Palacha
nám. Curieových
Mariánské nám.
Malé nám.
Křižovnické nám.
1 Kotva
2 Börse
3 St. Nikolaus
4 Altneu-Synagoge
5 Hotel Inter Continental
6 Čech-Brücke
7 Juristische Fakultät
8 Rudolfinum
9 Alter jüd. Friedhof
10 Philosoph. Fakultät
Palladium
sv. Josef
Obecní dům (Gemeindehaus)
Prašná brána (Pulverturm)
Div. Minor
Poštovní muzeum (Postmuseum)
sv. Kliment
Církev bratrská
Klášter Anežský (Agnes-Kloster)
Böhm. Malerei d. Mittelalters
sv. Haštal
sv. Šimon a Juda
Spanische Syn.
Klausová syn.
Pinkasova syn.
Maiselova syn.
Vysoká syn.
Kunstgewerbe-mus.
Týnský chrám (Teynkirche)
Ungelt/Teynhof
Kinský-Palais
sv. Jakub
Stavovské div. (Ständetheater)
Karolinum
sv. Havel
Staroměstská radnice (Altst. Rathaus)
Orloj
Magistrát
Archiv hl. m. Prahy
Klementinum
Muzeum loutek
Říše loutek
Měst. knih.
sv. František z Assisi
Karel IV
Altstädter Brückenturm
Staroměstský mlýny
Muz. B. Smetany
Úřad vlády ČR (Regierungsamt)
Hotel Klarov
Hanavský pavilon
sv. Maří Magdalena
Jazzboat
Les Moules
Image
Gourmand au Gourmand
James Dean
Beata
Buddha-bar
Hotel Paříž
Artěl
Kobe
Moser
sv. Kříž
Galerie
Salvátor
0 200 m
1 cm = 120 m

kurz

Tour 5

Josefov – das alte jüdische Viertel

Maisel-Synagoge → Spanische Synagoge → Altneu-Synagoge → Hohe Synagoge → Jüdisches Rathaus → Pinkas-Synagoge → Alter Jüdischer Friedhof → Klausen-Synagoge → Zeremoniensaal

Inmitten der Altstadt nahe der Moldau liegt das alte jüdische Viertel Josefov, von dem nur noch die Synagogen und das Rathaus geblieben sind. Die frühgotische Altneu-Synagoge gilt als älteste ihrer Art in Mitteleuropa. Sehenswert ist auch der Alte Jüdische Friedhof.

Start: **Staroměstská (Ⓜ A)**
Ziel: **Staroměstská (Ⓜ A)**
Wann: **täglich tagsüber außer samstags**

Die frühesten Belege für eine Siedlung jüdischer Geschäftsleute stammen aus dem späten 11. Jh. Zum Schutz der Juden wurde ein ummauertes Stadtviertel angelegt, die Judenstadt. Das Ghetto schrieb zwar den jüdischen Siedlungsraum für Jahrhunderte fest, schützte seine Bewohner jedoch nicht vor Pogromen. Trotz der beengten Verhältnisse entwickelte sich ein vielfältiges intellektuelles und kulturelles Leben.

Mordechaj Maisel, der Finanzberater Rudolfs II., ließ als Bürgermeister die Straßen der Judenstadt pflastern, baute das Rathaus und die nach ihm benannte Synagoge. Das 1781 durch Joseph II. erlassene Toleranzedikt verbesserte die Rechtsstellung der Juden, die Ghettomauer wurde niedergerissen und das Viertel später nach ihm benannt. Ende des 19. Jh. wurde das Viertel mit Ausnahme der Synagogen und des Rathauses abgerissen. Eine Besichtigung beginnt idealerweise in der **Maisel-Synagoge ❶**, Maisels einstigem Gebetshaus von 1592. Hier zeigt das **Jüdische Museum** die Dauerausstellung über die Juden in Böhmen und Mähren bis zum Ende des 18. Jh. (Maiselova 10, www.jewishmuseum.cz, für alle Objekte Sommer tgl. außer Sa 9–18, Winter bis 16.30 Uhr). Die Ausstellung findet ihre chronologische Fortsetzung in der prunkvollen ***Spanischen Synagoge ❷**, die 1868 anstelle einer alten Schule aus dem 12. Jh. im maurischen Stil entstand. Die prächtige, mit Gold verzierte Inneneinrichtung des Kuppelgebäudes erinnert an die Alhambra in Granada (Dušní 12).

Spanische Synagoge

Die ***Altneu-Synagoge ❸** als architekturgeschichtlich wertvollstes Denkmal der Josephstadt stammt aus der zweiten Hälfte des 13. Jh. und ist eines der ersten frühgotischen Bauwerke Prags. Heute gilt sie als älteste Synagoge auf europäischem Boden, die noch immer als Gebetshaus genutzt wird (Červená 2). Hier wirkte im 16. Jh. Rabbiner Jehuda ben Bezal el Löw, der der Legende nach eine Figur aus Lehm namens Golem zum Schutz des Ghettos erschaffen haben soll und dessen Überreste im Dach der Altneu-Synagoge untergebracht sein sollen. Gegenüber befindet sich die **Hohe Synagoge ❹**, praktisch in der Häuserfront hinter dem Rathaus in der Maiselova. Unten werden Tickets verkauft, der obere Bereich dient als Oratorium der jüdischen Gemeinde. Barbara Streisand drehte hier Teile ihres Films Yentl.

Altneu-Synagoge

Darauf folgt das **Jüdische Rathaus ❺** mit seiner ungewöhnlichen Uhr mit hebräischen Zahlen auf dem Ziffernblatt und den sich in umgekehrter Richtung drehenden Zeigern. Einst von Maisel erbaut, fungiert es auch heute als Rathaus der jüdischen Gemeinde, deren Mitglieder hier mittags koschere Gerichte erhalten (Maiselova 18). Die aus dem 15. Jh. stammende **Pinkas-Synagoge ❻** gedenkt der jüdischen Opfer des Nationalsozialismus. An den Wänden wurden die Namen von 77 297 ermordeten Juden aus Böhmen und Mähren aufgelistet, geordnet nach Herkunft und Familienzugehörigkeit (Široká 3). Daneben befindet sich der Eingang zum ***Alten Jüdischen Friedhof ❼**, auf dem von 1439–1787 alle in Prag ansässigen Juden bestattet wurden (U Starého hřbitova). Da der Platz im Ghetto jedoch knapp war, mussten die Toten teils in bis zu zwölf Schichten übereinander beerdigt werden. So erklärt sich, warum die rund 12 000 Grabsteine so eng nebeneinander und auf unterschiedlichem Niveau stehen. Am häufigsten wird das Grab des Rabbi Löw aufgesucht,

Jüdischer Friedhof

Auf den unzähligen kleinen Zetteln auf der Tumba haben Besucher ihre Wünsche notiert, die er ihnen erfüllen soll. Die auffallend weiße **Klausen-Synagoge ❽** präsentiert den ersten Teil der Ausstellung über Traditionen und Brauchtum (U Starého hřbitova 1). Die Ausstellung setzt sich fort im dunklen Gebäude des **Zeremoniensaals ❾**, wo außerdem die Beerdigungsbruderschaft ihren Sitz hat (U Starého hřbitova 3). Tipp: ein Kombiticket ermöglicht die Besichtigung aller jüdischen Denkmäler.

Touren im Anschluss: 6, 8, 11, 12

Bílkova vila
Chotkovy sady
Hanavský pavilón
sv. Maří Magdalena
Chotkova
Pod Bruskou
U Bruských kasáren
nábřeží Edvarda Beneše
U plovárny
Čechův most
Malostranská A
Úřad vlády ČR (Regierungsamt)
Hotel Klarov
Valdštejnská
Klárov
U železné lávky
Kosárkovo nábř.
Vltava (Moldau)
Jazzboat
Dvořákovo nábř.
Alter Jüdischer Friedhof
Zeremoniensaal
Rudolfinum
Obřadní síň
Břehová
Les Moules
Pařížská
Mánesův most
nám. Jana Palacha
Alšovo nábř.
17. listopadu
Široká
Univerzita Karlova
Staroměstská A
Kaprova
Vojanovy sady
U lužického semináře
Cihelná
Hostel Mango
Franz Kafka Museum
Mišeňská
Čertovka
Kleinseitner Brückentürme
Kočár z Vídně
Karlův most (Karlsbrücke)
Altstädter Brückenturm
sv. František z Assisi
Křižovnická
Klementinum
Karel IV
Křižovnické nám.
Staroměstský mlýny
Muz. B. Smetany (Smetana-Museum)
Novotného lávka
Hroznová
Na Kampě
Lichtenštejnský palác
Kampa
Div. Na zábradlí
Betlémská kaple (Bethlehemskapelle)
Anenská
Anenské nám.
Liliová
Řetězová
Karlova
Muzeum loutek
Seminářská
Mariánské nám.
Platnéřská
Veleslavínova
Říše loutek
Měst. knih.
Žatecká
Magistrát
Linhartská
Archiv hl. m. Prahy
Husova
Malé nám.
sv. Jiljí
Jilská
Michalská
Melantrichova
Havelská
Havelský trh
sv. Havel
Rytířská
Karolinum
Provaznická
Havířská
Na Příkopě
Stavovské div. (Ständetheater)
Ovocný trh
Kobe
Železná
Kožná
Staroměstská radnice (Altst. Rathaus)
Orloj
U radnice
Nám. Franze Kafky
Mikulášská
sv. Mikuláše (St. Niklas)
Staroměstské nám. (Altstädter Ring)
Staré Město (Altstadt)
Maiselova
Maiselova syn.
Jáchymova
Image
Salvátor
Pinkasova syn.
Klausová syn.
hřbitova
U st.
Hohe Syn.
Jüd. Rathaus
Altneu-Synagoge
El. Krásnohorské
U Staré školy
Bílkova
SPŠ stav.
nám. Curieových
Dušní
sv. Šimon a Juda
Na Františku
U Milosrdných
Josefov (Josefstadt)
Spanische Syn.
Katr
Vězeňská
sv. Duch
James Dean
Beata Rajská
V kolkovně
Kozí
Masná
Dlouhá
au Gourmand
Kinský-Palais
Týnská
Týnská ulička
Týnský chrám (Teynkirche)
V Ungeltu
Ungelt/Teynhof
M. Štupartská
Štupartská
Jakubská
sv. Jakub
Galerie Jakubská
Artěl
Celetná
Prašná brána (Pulverturm)
Buddha-bar
Hotel Paříž
Kotva
Benediktská
Rybná
Rámová
Haštalská
Haštalské nám.
sv. Haštal
Klášter Anežský (Agnes-Kloster)
Böhm. Malerei d. Mittelalters
Klášterská
Rásnovka
Poštovní muzeum (Postmuseum)
sv. Kliment
Klimentská
Hradební
Revoluční
Soukenická
Truhlářská
Palladium
Náměstí Republiky
U Obecního domu
Obecní dům (Gemeindehaus)
Senovážná
(Am Graben)
sv. Kříž
Moser
Div. Minor
N
0
200 m
1 cm = 120 m

mittel

Konzerte und Oper an der Moldau

Rudolfinum → Klementinum → Smetana-Museum → Nationaltheater → Nová scéna → Divadlo Metro → Sophiensaal → Mánes-Galerie

Eine Redensart sagt: Jeder Tscheche ist ein Musikant. Prag besitzt drei Opernhäuser von Weltrang sowie unzählige Theater und Konzerthäuser. Dazu spielen internationale Künstler jedes Jahr beim Festival Prager Frühling auf. Die wichtigsten Gebäude für Konzerte und Oper in Altstadt und Neustadt liegen entlang der Moldau.

Start: **Staroměstská (Ⓜ A)**
Ziel: **Karlovo náměstí (Ⓜ B)**
Wann: **von nachmittags bis abends bei jedem Wetter, Smetana-Museum am Di geschl.**

Diese Kultur-Tour beginnt am ***Rudolfinum ❶**, dem »Haus der Künstler«. Der Architekt des Nationalmuseums, Josef Schulz, errichtete 1884 den Neorenaissancebau, in dem von 1918 bis 1938 das tschechoslowakische Parlament tagte. Heute dient das Haus als Sitz der **Philharmonie** (Alšovo nábřeží 12, www.ceskafilharmonie.cz). Ein Hörgenuss sind die Aufführungen des jährlichen Musikfestivals Prager Frühling vom 12. Mai bis 3. Juni (www.festival.cz), in dieser Zeit weisen hellblaue Fahnen mit Notenschlüssel auf das Musikereignis hin. Ruhe und Abgeschiedenheit bietet das hauseigene Café, das

Café im Rudolfinum

selbst die meisten Prager nicht kennen. Darüber hinaus bietet das Haus eine eigene Kunstgalerie (www.galerierudolfinum.cz, tgl. außer Mo 10–18 Uhr). Parallel zur Karlsgasse (Karlova), bis kurz vor die Karlsbrücke, verläuft das ehemalige Jesuitenkolleg **Klementinum ❷**, der zweitgrößte Gebäudekomplex der Stadt – nur die Prager Burg ist noch größer (Mariánské náměstí 5, www.klementinum.com, April–Okt. tgl. 10–18, Nov.–März bis 17 Uhr). Der im 16. Jh. während der Gegenreformation von Ferdinand I. ins Land gerufene Orden errichtete drei Kirchen und war auch zuständig für die Verwaltung der Karlsuniversität. Heute ist in dem Komplex u.a. die Nationalbibliothek untergebracht. Der Astronomische Turm und der Barockbibliothekssaal können im Stundentakt besichtigt werden. In der Spiegelkapelle finden kleine, feine klassische Konzerte statt.

Kurz hinter dem Kreuzherrenplatz folgt der Novotnýsteg (Novotného lávka) mit bezauberndem Blick auf die Karlsbrücke. Das Renaissancehaus mit hübschen Giebeln am Ende des Stegs beherbergt das sehenswerte **Smetana-Museum ❸**. Hier kann man anhand von Originalexponaten Leben und Werk von Bedřich Smetana (1824–84) nachvollziehen und an einem Dirigentenpult mit Taktstock seine Werke, auch sein bekanntestes, »Die Moldau«, erklingen lassen (www.nm.cz, tgl. außer Di 10–18 Uhr).

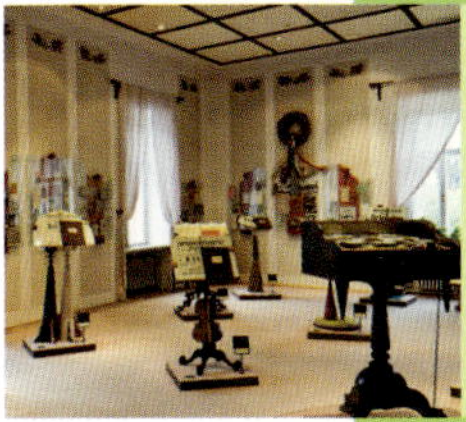

Im Smetana-Museum

Bei der Mündung der Nationalstraße (Národní) in die Uferstraße steht das ***Nationaltheater ❹** (Národní divadlo) – das Symbol der nationalen Wiedergeburt (Ostrovní 1, www.narodni-divadlo.cz). Anfang Juni 1881 eröffnet, fiel es bereits im August desselben Jahres einem Brand zum Opfer. Kaum zwei Jahre später wurde der Wiederaufbau mit Smetanas Oper »Libuše« eingeweiht. Die finanziellen Mittel für den Bau wurden zum Großteil durch private Spenden aufgebracht, daher steht auf dem Vorhang: »Národ sobě« (»Die Nation sich selbst«). Eine Pause gefällig? Gegenüber kann man im **Café Slavia** eine Tasse Kaffee oder kleine Speisen genießen (❍–❍❍).

Zum Nationaltheater gehört auch der 1983 von Karel Prager errichtete moderne Neubau **Nová scéna ❺**, der vor allem als Spielstätte für avantgardistisches Theater wie das multimediale Experimentiertheater Laterna magika dient; eine eigene Darstellungsform mit projizierten Bildern, Licht & Schatten, Musik und Tanz, aber ohne gesprochenen Worte (Národní 4, www.laterna.cz). Aus derselben Epoche stammt das Schwarzlicht-Theater: Dank ultravioletter Beleuchtung werden neonfarbene Gegenstände und Kostüme auf der ansonsten schwarzen Bühne lebendig, dazu sorgen Pantomimen für eine verständliche Handlung. Inzwischen bemühen sich sieben Bühnen um Zuschauer, lohnenswert ist vor allem das **Divadlo Metro ❻** im Metro-Palast an der Nationalstraße (Národní). Ein Workshop erklärt nach jeder Vorstellung, wie es funktioniert (Nr. 25, www.divadlometro.cz).

Schwarzes Theater

Auf der Höhe des Nationaltheaters beginnt die idyllische Slawische Insel (Slovanský ostrov). Im **Sophiensaal ❼** (Žofin) finden rauschende Tanzbälle statt. Den unteren Teil bildet der Turm einer einstigen Wassermühle mit angrenzendem Ausstellungsgebäude der **Mánes-Galerie ❽**, das derzeit renoviert wird (Masarykovo nábřeží 1).

Touren im Anschluss: 10, 27

Rudolfinum
Obřadní síň
Klausová syn.
Vysoká syn.
Pinkasova syn.
Široká
V kolkovně
James Dean
Beata Rajská
Mánesův most
nám. Jana Palacha
Univerzita Karlova
Maiselova syn.
Salvátor
Image
Dušní
Týnská ulička
Vojanovy sady
U lužického semináře
Cihelná
Alšovo nábř.
17. listopadu
Staroměstská A
Kaprova
Maiselova
Jáchymova
Pařížská
Dlouhá
Franz Kafka Museum
Čertovka
Veleslavínova
Říše loutek
Městská knih.
Žatecká
sv. Mikuláše (St. Niklas)
Staroměstské nám. (Altstädter Ring)
Teynkirche
Nám. Franze Kafky
Mikulášská
Platnéřská
Mariánské nám.
Magistrát
Linhartská
U radnice
Staroměstská radnice (Altst. Rathaus)
Orloj
Železná
sv. František z Assisi
Křižovnická
Klementinum
Archiv hl. m. Prahy
Malé nám.
Karlův most (Karlsbrücke)
Altstädter Brückenturm
Karel IV
Seminářská
Husova
Karlova
Melantrichova
Kožná
Hroznová
Na Kampě
Staroměstský mlýny
Křižovnické nám.
Muzeum loutek
Staré Město (Altstadt)
sv. Havel
Muz. B. Smetany (Smetana-Museum)
Novotného lávka
Anenská
Anenské nám.
Řetězová
Liliová
sv. Jiljí
Michalská
Havelská
Lichtenštejnský palác
Kampa
Div. Na zábradlí
Betlémská kaple (Bethlehemskapelle)
Jilská
Havelský trh
Náprstkova
Futurista Universum
Rytířská
Náprstkovo muz.
Betlémské nám.
Uhelný trh
Karoliny Světlé
Skořepka
Perlová
Museum Kampa
Betlémská
sv. Bartoloměj
Smetanovo nábřeží
Restaurant Rainer Maria Rilke
Konviktská
sv. Martin ve zdi
Jungmannovo nám.
Malostranské nábřeží
Divadelní
Klášter šed. sester
Bartolomějská
Na Perštýně
sv. Kříž
Divadlo Metro
Národní
Div. bez zábradlí
Střelecký ostrov
Café Slavia
Viola
Reduta
Mikulandská
Spálená
Charvátova
Národní třída B
most Legií
sv. Voršila
Neue Szene
Laterna magika
Klášter sester voršilek
Purkyňova
Jungmannova
Národní divadlo (Nationaltheater)
Vorsilská
Ostrovní
V jirchářích
Opatovická
sv. Michal
Schwarzenberský palác
Vladislavova
Na struze
Vojtešská
Pštrossova
Křemencova
Nejsv. Trojice
Lazarská
Janáčkovo nábřeží
Žofín (Sophiensaal)
Masarykovo nábřeží
Černá
Novoměstská radnice (Neustädter Rathaus)
Dětský ostrov
Slovanský ostrov
sv. Vojtěch
Náplavní
Spálená
Myslíkova
Odborů
Žitná
Mánes-Gelerie
Na Zderaze
Na zbořenci
Karlovo náměstí
Malá Štěpánská
Záhořanského
Kostel svatého Cyrila a Metoděje (St. Kyrill und Method)
Jiráskův nám.
N
0
200 m
1 cm = 120 m
Bürohaus „Tanzendes Haus"
Resslova
Karlovo náměstí
Ječná
St. Ignatius-Kirche
1
2
3
4
5
6
7
8

lang

Auf literarischen Pfaden durch Prag

Piaristen-Gymnasium → Geburtshaus Egon Erwin Kisch → Salon Goldschmied → Salon Berta Fanta → U zlatého tygra → Café Montmartre → Wohnhaus Milan Kundera → Café Louvre → Geburtshaus Jaroslav Hašek → Literaturhaus

Prag gilt seit jeher als Literaturstadt. Aus den Weinstuben der Prager Richter und Henker des Mittelalters gingen im 19. Jh. die klassischen Kaffeehäuser hervor, die ohne die Prager Dichter und Denker undenkbar wären. Noch heute wird den großen Schriftstellern an Originalplätzen gehuldigt.

Start: **Náměstí Republiky (Ⓜ B)**
Ziel: **Karlovo náměstí (Ⓜ B)**
Wann: **bei jedem Wetter, Literaturhaus nur Di/Do geöffnet**

Von Karl Kraus (1874–1936) stammte der berühmte Satz »Es brodelt, kafkat, werfelt und kischt« in Anlehnung an seine bekannten Zeitgenossen. Die meisten gingen auf das **Piaristen-Gymnasium** ❶ an der Ecke Am Graben 16 (Na Příkopě) und Herrengasse (Panská); eine Gedenktafel erinnert beispielhaft an Rainer Maria Rilke (1875–1926). Auch Leo Perutz (1882–1957), Max Brod (1884–1968) und Karl Kraus gingen auf diese Volksschule des Piaristen-Ordens. An Schriftsteller Franz Kafka (1883 bis 1924) erinnert die nachfolgende Tour 8.

Der Rundgang auf literarischen Pfaden führt in die Altstadt zum braunen Tor des Hauses **Zu den zwei goldenen Bären** ❷ an der Ledergasse 1 (Kožná); es ist das Geburtshaus des »rasenden

Reporters« Egon Erwin Kisch (1885–1948). Er war einer der bedeutendsten Journalisten seiner Zeit. Viele Autoren und Musiker trafen sich häufig an der Gemsengasse 6 (Kamzíkova) im damaligen **Salon Goldschmied ❸**, heute würde man das Etablissement eher als Nachtklub bezeichnen. Gustav Mahler (1860 bis 1911) kam hier öfters her, um in der inspirierenden Umgebung auf dem Klavier zu spielen.

Gedenken an Einstein

Vornehmer gab man sich im **Salon Berta Fanta ❹** direkt am Altstädter Ring 18 (Staroměstské náměstí). Zu Beginn des 20. Jh. diskutierten hier Philosophen und Literaten, darunter auch Albert Einstein (1879–1955) während seiner Tätigkeit in Prag (s. Tour 30). Ein paar Schritte entlang des Krönungswegs folgt an der Husgasse 20 (Husova) die Bierstube **U zlatého tygra ❺** (Zum goldenen Tiger), Stammlokal des tschechischen Schriftstellers Bohumil Hrabal (1914–97). Sein bekanntestes Werk, »Ich habe den englischen König bedient«, verfilmte 2006 Regisseur Jiří Menzel. Um die Ecke liegt die kurze Kettengasse (Řetězová) mit dem **Café Montmartre ❻**. Hier öffnete 1911 ein Kabarett in guter Pariser Tradition, das schnell die Literaturszene anzog. Im heutigen Café kann man sich die damalige Atmosphäre gut vorstellen. Im selben Haus befindet sich die **Václav-Havel-Bibliothek,** geführt von Jáchym Topol. Viele Straßen tragen Namen lokaler Autoren, z.B. die Gasse Karolíny Světlé, in der **Karolína Světlá** (1830–99) in Nr. 22 geboren wurde. In Nr. 25 erinnert ein Besuch des Restaurants an Rainer Maria Rilke (s. Restaurants S. 136).

Zum Goldenen Tiger

Leider ziert keine Gedenktafel das Haus an der **Bartolomějská 1 ❼**: Hier lebte einst der international bekannte tschechische Autor Milan Kundera (geb. 1929). In seinem Roman »Das Buch vom Lachen und Vergessen« beschreibt er die ansonsten nur von Polizeigebäuden gesäumte Gasse. Weltberühmt wurde sein Nachfolgeroman »Die unerträgliche Leichtigkeit des Seins«.

Café Louvre

Die früher Ferdinandstraße genannte Nationalstraße (Národní) an der Grenze zwischen Altstadt und Neustadt war nur so gespickt von literarischen Schauplätzen. Noch heute existiert das **Café Louvre ❽** (Nr. 22, ❍❍), in dem Kafka, Brod & Co. an einem Brentano-Zirkel teilnahmen. Auch das **Café Slavia** gegenüber dem Nationaltheater war ein beliebtes Lokal der schreibenden Zunft (s. Tour 9).

Entlang der nach dem Historiker František Palacký (1798 bis 1876) benannten Straße Palackého, mit einer Gedenktafel am Haus Nr. 7, führt der Weg zum **Geburtshaus von Jaroslav Hašek ❾** (1883–1923), dem Autor der berühmten »Abenteuer des braven Soldaten Schwejk«. Der im selben Jahr wie Kafka geborene Hašek wird noch immer als Nationalschriftsteller verehrt.

Beim Karlsplatz liegt das **Prager Literaturhaus ❿**, das die letzte aus Prag stammende deutschsprachige Autorin Lenka Rainerová (1916–2008) im Jahre 2004 gründete (Ječná 11, www.prager-literaturhaus.com, Di/Do 11–17 Uhr). Damit schuf sie eine bleibende Plattform für die aus dem heutigen Tschechien stammenden Autoren, die einen wesentlichen Beitrag für das multikulturelle Zusammenleben leisteten.

Touren im Anschluss: 10, 27

Beata Rajská
Masná
Pinkasova syn.
Široká
17. listopadu
Maiselova syn.
Pařížská
Salvátor
Au Gourmand
Kinský-Palais
Univerzita Karlova
Image
Dlouhá
Dušní
Týnská ulička
Ungelt/Teynhof
sv. Jakub
Buddha-bar
Kotva
Palladium
Hotel Paříž
Nám. Republiky
Nám. Republiky
Kaprova
Staroměstská A
sv. Mikuláše (St. Niklas)
Staroměstské nám. (Altstädter Ring)
V Ungeltu
Týnský chrám (Teynkirche)
Jakubská
Galerie Jakubská
Obecní dům
Stupartská
M. Štupartská
Rybná
Říše loutek
Veleslavinova
Měst. knih.
Nám. Franze Kafky
Mikulášská
Magistrát
Altstädter Rathaus
Orloj
Artěl
Prašná brána (Pulverturm)
Celetná
Platnéřská
Mariánské nám.
Linhartská
U radnice
Salon Berta Fanta
Salon Goldschmied
Kamzíkova
Klementinum
Křižovnická
Seminářská
Husova
Archiv hl. m. Prahy
Malé nám.
Egon Erwin Kisch
Železná
Kožná
Karolinum
Ovocný trh
Kobe
Stavovské divadlo (Ständetheater)
Am Graben
Piaristen-Gynasium
Karlova
Café Montmartre
U zlatého tygra
Melantrichova
sv. Havel
Havířská
sv. Kříž
Div. Minor
Nekázanka
Anenská
Anenské nám.
Liliová
Řetězová
sv. Jiljí
Michalská
Havelská
Rytířská
Provaznická
Na Příkopě
Moser
Panská
Betlémská kaple (Bethlehemskapelle)
Jilská
Futurista Universum
Havelský trh
Na můstku
Casino Palais Savarin
Mucha Museum
Hotel Fusion
Náprstkova
Náprstkovo muz.
Betlémské nám.
Betlémská
Uhelný trh
Julius Meinl
28. října
Baťa
Můstek B
Můstek A
Jindřišská
Karoliny Světlé
Restaurant R. M. Rilke
Konviktská
sv. Bartoloměj
Skořepka
sv. Martin ve zdi
Perlova
Jungmannovo nám.
U Pinkasů
Hauptpost
Klášter šed. sester
Bartolomějská
Na Perštýně
P. Marie Sněžná (Maria Schnee)
Václavské náměstí (Wenzelsplatz)
Duplex
sv. Kříž
Milan Kundera
Divadlo Metro
Národní
Div. bez zábradlí
Františkánská zahrada
Palác knih Luxor
Café Louvre
Viola
Reduta
Charvátova
Národní třída B
Jungmannova
Národní
sv. Voršila
Mikulandská
Spálená
Purkyňova
Palackého
Rokoko
Laterna magika
Klášter sester voršilek
Voršilská
Ostrovní
Vodičkova
Kaufhaus U Nováků
Div. ABC
V jámě
Ostrovní
V jirchářích
sv. Michal
Opatovická
Schwarzenberský palác
Vladislavova
Div. Kalich
Amana
Nové Město (Neustadt)
Činoherní klub
Na struze
Křemencova
Nejsv. Trojice
Div. Komedie
Školská
Vojtěšská
Pštrossova
Opatovická
Lazarská
Jaroslav Hašek
Ve Smečkách
Krakovská
Masarykovo nábřeží
sv. Vojtěch
Černá
Spálená
Novoměstská radnice (Neustädter Rathaus)
Navrátilova
Štěpánská
Řeznická
Příčná
Náplavní
Myslíkova
Odborů
Žitná
Žitná
Na Zderaze
Na zbořenci
Karlovo náměstí
St.-Longinus-Rotunde
Záhořanského
Kostel svatého Cyrila a Metoděje (St. Kyrill und Method)
Malá Štěpánská
St. Stephan
Prager Literaturhaus
N
Resslova
Ječná
sv. Václav
Karlovo náměstí B
St. Ignatius-Kirche
0
200 m
1 cm = 120 m

lang

Auf Kafkas Spuren

Geburtshaus → Kinský-Palast → Haus Zu den drei Königen → Oplt-Haus → Kafka-Gesellschaft und -Statue → Deutsche Knabenvolksschule → ehem. Arbeiter- und Unfallversicherung → Café Arco → ehem. Generali-Versicherung

Franz Kafka ist omnipräsent, zumindest in der touristischen Wahrnehmung und in den Souvenirläden. Dabei war der jüdische Autor bis zur Revolution in Prag nicht annähernd so populär wie in den deutschsprachigen Ländern. Ein Rundgang durch die Altstadt führt zu den Wohnorten und Arbeitsstätten des tschechischen Schriftstellers.

Start: **Staroměstská (Ⓜ A)**
Ziel: **Můstek (Ⓜ A/B)**
Wann: **bei jedem Wetter**

Franz Kafka (1883–1924) liebte und hasste die Stadt zugleich. In einem Brief an seinen engsten Jugendfreund Oskar Pollak heißt es: »Prag lässt nicht los. Dieses Mütterchen hat Krallen. Da muss man sich fügen oder ... An zwei Stellen müssten wir es anzünden, am Vyšehrad oder am Hradschin, dann wäre es möglich, dass wir loskommen.«

Franz-Kafka-Büste

Die Kafka-Familie ist häufig umgezogen, meist in der Umgebung des Altstädter Rings. Von **Kafkas Geburtshaus Zum Turm ❶** neben der St.-Nikolaus-Kirche, blieb nur das Eingangsportal, am schlichten Nachfolgebau prangt eine Büste des Schriftstellers (Náměstí Franze Kafky 5). Anno 1889 zog die Familie ins **Haus Zur Minute**, dem linken Gebäude des Altstädter Rathauses mit einer auffallenden Sgraffito-Fassade (Staroměstské náměstí 3).

In der zweiten Etage des breiten **Palais Kinský** ❷ besuchte Franz von 1893 bis 1901 das deutsche Gymnasium. Ab 1912 zog Vater Hermann Kafka mit seinem Großhandelsbetrieb ins Gebäude, in dem heute eine kleine Buchhandlung Werke von Kafka & Co. verkauft (Nr. 12). Sein erstes eigenes Zimmer mit Blick auf die Teynkirche bekam Kafka im **Haus Zu den drei Königen** ❸ in der Zeltnergasse 3 (Celetná), in dem die Familie

Palais Kinský

von 1896 bis 1907 die zweite Etage bewohnte, während der Vater den Laden im Erdgeschoss führte. 1913 zogen die Kafkas ins **Oplt-Haus** ❹, das Eckhaus vom Altstädter Ring zur Pariser Straße 2 (Pařížská), nachdem sie zuvor noch für sechs Jahre am Ende der Pariser Straße im **Haus Zum Schiff** residierten, das aber dem heutigen Hotel InterContinental weichen musste. Hier entstand innerhalb einer Nacht die Erzählung »Das Urteil«.

Auf halber Höhe des Boulevards folgt an der Breiten Gasse 14 (Široká) auf der linken Seite die **Kafka-Gesellschaft** ❺, hier sind ebenfalls Bücher des Autors zu finden. Das Café Kafka Snob Food (❍❍) rechts daneben verwendet seinen Namen ohne historischen Anhaltspunkt, Kafka ist längst Kommerz geworden. Kriegsbedingt verließ er mit 31 Jahren erstmals sein Elternhaus und zog im Sommer 1914 in die Wohnung seiner Schwester Valli in das Haus an der **Bílekgasse 10** (Bílkova). Um die Ecke stand einst das Café-Restaurant Savoy, das Kafka regelmäßig frequentierte. Heute siedelt hier das empfehlenswerte Restaurant Katr (s. Restaurants S. 133). Links der Spanischen Synagoge in der

Široká zeigt eine knapp vier Meter hohe **Kafka-Statue ❻** den jungen Franz auf den Schultern seines kopflosen Vaters Hermann. Bildhauer Jaroslav Róna erinnert damit an die Novelle »Beschreibung eines Kampfes«. Unweit steht noch heute das Haus **Zum Goldenen Hecht** (Dlouhá 16), wo der lärmgepeinigte Autor von 1915–1917 in der vierten Etage hauste. Die Fenster seiner Wohnung führten in die Fleischgasse (Masná). Dort besuchte der junge Franz ab 1889 vier Jahre lang die **Deutsche Knabenvolksschule ❼** (Nr. 16).

Kafka-Stautue

Von 1908 bis zum krankheitsbedingten Ausscheiden 1922 arbeite Dr. Franz Kafka bei der halbstaatlichen **Arbeiter- und Unfallversicherung ❽** in der Straße Auf dem Poritsch 7 (Na Poříčí). Im Gebäude befindet sich heute das Hotel Century Old Town Prague; eine Kafka-Büste erinnert an den einstigen Mitarbeiter des Hauses, ebenso der Hinweis vor Zimmer 214, seinem damaligen Büro. Auf dem Weg von seiner zweiten zur ersten Arbeitsstelle liegt das damalige **Café Arco ❾** in der Ziegelgasse 6 (Dlážděná), in dem sich regelmäßig der »Prager Kreis« um Kafka, Kisch, Brod, Werfel und Co. traf. Seine erste Anstellung erhielt Franz Kafka 1907 bei der italienischen **Generali-Versicherung ❿** in einem Neobarockpalast am Wenzelsplatz 19 (Václavské náměstí). Er blieb jedoch nur neun Monate.

Das berühmte Kafka-Häuschen im **Goldenen Gässchen 22** (Zlatá ulička) ist in Tour 17 beschrieben und sein Wohnsitz im **Schönborn-Palais** in Tour 16. Die eigenartige Welt des Autors zeigt das **Franz Kafka Museum** auf der Kleinseite (s. Tour 14).

Touren im Anschluss: 1, 2, 26

Josefstadt
Altstadt
Haštalské nám.
sv. Haštal
Církev bratrská
Petrské nám.
Petrská
zvonice sv. Petr
Soukenická
Biskupská
Dlouhá
Revoluční
Truhlářská
Zlatnická
Hotel Imperial
Na Poříčí
ehemelige Arbeiter-und Unfallversicherung
Div. Archa
Havlíčkova
Na Florenci
Palladium
Náměstí Republiky
Nám. Republiky B
sv. Josef
Kotva
Hotel Paříž
V Celnici
Obecní dům (Gemeindehaus)
U Obecního domu
Praha-Masarykovo nádraží
Hybernská
Prašná brána (Pulverturm)
Café Arco
Hotel Carlo IV
Senovážná
Senovážné nám.
Dlážděná
Opletalova
Vrchlického sady
Jindřišská věž
Jubilejní synagoga
Jeruzalémská
sv. Jindřich a Kunhuta
U půjčovny
Růžová
Praha-Hlavní nádraží (Hauptbahnhof)
Hlavní nádraží C
Politických vězňů
Olivova
Jindřišská
Hauptpost
Duplex
Div. Minor
Mucha Museum
Panská
Nekázanka
Hotel Fusion
ehemalige Generali-Versicherung
Václavské náměstí (Wenzelsplatz)
Můstek A
Můstek B
Baťa
sv. Kříž
Moser
Casino Palais Savarin
Na Příkopě
Na můstku
Provaznická
Havířská
Rytířská
Stavovské divadlo (Ständetheater)
Ovocný trh
Kobe
Celetná
Karolinum
Železná
Haus "Zu den drei Königen"
Teynkirche
Štupartská
Artěl
Galerie Jakubská
Jakubská
sv. Jakub
Buddha-bar
Rybná
Knaben-volksschule
Masná
Benediktská
Ungelt/Teynhof
V Ungeltu
Kinský-Palais
au Gourmand
Týnská ulička
Staroměstské nám. (Altstädter Ring)
Opl-Haus
Image
Salvátor
Dušní
James Dean
Beata Rajská
V kolkovně
Kozí
Masna
Haštalská
Rámová
Vězeňská
Katr
U Staré školy
Spanische Syn.
sv. Duch
Kafka-Statue
Bílkova
Krásnohorské
SPŠ stav.
Pařížská
Les Moules
Břehová
Altneu-Synagoge
Alter jüd. Friedhof
U st. hřbitova
Obřadní síň
Rudolfinum
Dvořákovo nábř.
Klausová syn.
Pinkasova syn.
Vysoká syn.
Kafka-Gesellschaft
Maiselova syn.
Široká
Univerzita Karlova
Geburtshaus "Zum Turm"
nám. Jana Palacha
17. listopadu
Alšovo nábř.
Kaprova
Staroměstská A
Veleslavínova
Žatecká
Říše loutek
St. Niklas
Mikulášská
Nám. Franze Kafky
Měst. knih.
Magistrát
Mariánské nám.
Platnéřská
Křižovnická
sv. František z Assisi
Klementinum
Linhartská
U radnice
Staroměstská radnice (Altst. Rathaus)
Orloj
Archiv hl. m. Prahy
Malé nám.
Seminářská
Husova
Karlova
Karel IV
Křižovnické nám.
Muzeum loutek
Melantrichova
Kožná
sv. Havel
Michalská
Anenská
Anenské nám.
Liliová
Řetězová
sv. Jiljí
Jilská
Havelská
Havelský trh
Julius Meinl
Div. Na zábradlí
Betlémská kaple (Bethlehems-kapelle)
Futurista Universum
Náprstkova
Náprstkovo muz.
Betlémské nám.
Uhelný trh
Skořepka
Perlová
28. října
Jungmannovo nám.
U Pinkasů
P. Marie Sněžná (Maria Schnee)
Restaurant R. M. Rilke
Karoliny Světlé
Betlémská
Konviktská
sv. Bartoloměj
Klášter šed. sester
Bartolomějská
Na Perštýně
sv. Martin ve zdi
Národní
Div. bez zábradlí
Divadlo Metro
sv. Kříž
Divadelní
N
0
200 m
1 cm = 120 m

Tour 9

lang

Prager Kaffeehauskultur

Masaryk-Bahnhof → Café Imperial → Café de Paris → Gemeindehaus → Grand Café Orient → Café Adria → Café Louvre → Národní kavárna → Café Slavia

Der k.u.k. Monarchie verdankt Prag die Vielzahl traditioneller Kaffeehäuser, die gerade wieder aufleben. Zwar hat sich eine junge, hippe Café-Szene etabliert, alteingesessene Prager verbringen jedoch ihre Zeit am liebsten bei einem guten Kaffee in der klassischen »kavárna«. Diese Tour führt durch die schönsten Kaffeehäuser.

Start: **Náměstí Republiky (Ⓜ B)**
Ziel: **Národní divadlo (Straßenbahn 22 u.a.)**
Wann: **bei jedem Wetter**

Auf dem bananenförmigen Rundgang entlang der klassischen Kaffeehäuser verlassen wir die Ⓜ Náměstí Republiky ausnahmsweise nicht Richtung Platz der Republik, sondern wählen am Bahnsteig den gegenüberliegenden Ausgang am **Masaryk-Bahnhof ❶** (Masarykovo nádraží), benannt nach dem ersten Präsidenten der Tschechoslowakei. Anno 1845 fuhren hier die ersten Züge nach Prag ein, heute verkehren S-Bahnen in die Umgebung. Nur wenige Schritte führen zum hinreißend schönen ***Café Imperial ❷**. Nach der jüngsten Renovierung erstrahlt das 1914 eröffnete stilvolle Lokal wieder in vollem Glanz. Exquisites Mobiliar, edle Holzvertäfe-

Café Imperial

lung, kunstvolle Keramik – nicht nur wegen seinem einzigartigen Interieur gehört es zu den Topadressen der Prager Gastronomie. Der bekannte TV-Koch Zdeněk Pohlreich kreiert hier feine traditionelle böhmische Küche im neuen Gewand (Na Poříčí 15, www.cafeimperial.cz, ❍❍❍).

Hinter dem Platz der Republik steht das prunkvolle ***Jugendstilhotel Paříž** (s. Hotels S. 137) auf einem dreieckigen Grundriss, dem Bohumil Hrabal in seinem Roman, »Ich habe den englischen König bedient«, ein literarisches Denkmal gesetzt hat. Das hauseigene **Café de Paris ❸** serviert Gaumenschmeichler im eleganten Jugendstilambiente – gern genutzt von Pragerinnern nach einer Shoppingtour im Palladium (U Obecního domu 1, www.hotel-pariz.cz, ❍❍❍). Das wohl schönste Jugendstilcafé der Stadt befindet sich im linken Flügel vom ***Gemeindehaus ❹**, mit täglicher Livemusik. Mit hohen Decken und klassischer Einrichtung steht es den Wiener Ringstraßencafés in nichts nach. Die Kellner kommen in Abständen mit dem Tortenwagen vorbei, außerdem kann man hier passabel dinieren (Náměstí Republiky 5, www.kavarnaod.cz, ❍❍–❍❍❍).

Café im Gemeindehaus

Ein besonderes Juwel ist das ***Grand Café Orient ❺** an der Celetná Ecke Ovocný trh. Das Café im einzigartigen kubistischen Stil öffnete 2005 nach 80 Jahren erneut seine Pforten. Die Büste von Architekt Josef Gočár steht auf dem Flügel, an dem ein Pianist die einmalige Atmosphäre musikalisch untermalt. Die grün gestreiften Muster der Sitzmöbel und die eckigen Lampenschirmabdeckungen verdienen einen Extrablick (Ovocný trh 19, www.grandcafeorient.cz, ❍–❍❍).

Im venezianischen Palästen nachempfundenen Palais Adria am Jungmannplatz 40 (Jungmannovo náměstí) präsentiert sich die L-förmig gestaltete **Kavárna Adria ❻** im ersten Stock als Mix von klassischem Kaffeehaus und modernem Gastronomiebetrieb. Ein idealer Platz zum Treffen mit Freunden, wenn es woanders voll ist (www.caffeadria.cz, ❍❍). Schon zum Frühstücken lohnt sich der Besuch des ***Café Louvre ❼**, das noch heute den Charme der Ersten Republik ausstrahlt (Národní 22, www.cafelouvre.cz, ❍❍). Wo einst die deutschsprachigen Literaten wie Kafka, Brod und Werfel diskutierten, treffen sich Einheimische und Touristen zum Mittagstisch oder zum Billard. Ein ebenfalls geschichtsträchtiges Haus ist die **Národní kavárna ❽** an Nr. 11. Den Ort frequentierten tschechische Schriftsteller wie der spätere Literaturnobelpreisträger Jaroslav Seifert (1901–86). Seit der jüngsten Rekonstruktion ist es wieder ein richtiges Kaffeehaus mit gutem Mittagstisch (www.narodnikavarna.cz, ❍❍).

Im Eckhaus kurz vor der Moldau entstand Ende des 19. Jhs. das legendäre **Café Slavia ❾**, allerdings kam das charakteristische Art-déco-Interieur erst später hinzu. Schon früh zog es Musiker wie Smetana oder Literaten wie Rilke an. Die beliebtesten Plätze am Fenster erlauben einen Blick auf das Moldaupanorama mit Karlsbrücke, Prager Burg und Laurenziberg. Auffallend ist vor allem das Gemälde eines alternden Herrn mit Melone und einer grünen Fee als Empfehlung für den hochprozentigen Absinth (Smetanovo nábřeží 2, www.cafeslavia.cz, ❍–❍❍).

Café Slavia

Touren im Anschluss: 20, 30 (in Gegenrichtung)

Rudolfinum
Alter jüd. Friedhof
Altneu-Syn.
sv. Duch
Obřadní síň
Klausová syn.
Vysoká syn.
Pinkasova syn.
Mánesův most
nám. Jana Palacha
Široká
Univerzita Karlova
Maiselova syn.
Salvator
James Dean
Beata Rajská
Image
Staroměstská A
Kaprova
sv. Mikuláše (St. Niklas)
Říše loutek
Měst. knih.
Staroměstské nám. (Altstädter Ring)
Týnský chrám (Teynkirche)
Ungelt/ Teynhof
V Ungeltu
Kinský-Palais
au Gourmand
Buddha-bar
sv. Jakub
Galerie Jakubská
Artěl
Kotva
Café de Paris
Hotel Paříž
Náměstí Republiky
Nám. Republiky B
Palladium
sv. Josef
Hotel Imperial
Café Imperial
Havlíčkova
Na Poříčí
V Celnici
Masaryk-Bahnhof
Obecní dům (Gemeindehaus)
Prašná brána (Pulverturm)
Hybernská
Celetná
Café Orient
Staré Město (Altstadt)
sv. František z Assisi
Altstädter Brückenturm
Karlsbrücke
Klementinum
Karel IV
Magistrát
Mariánské nám.
Archiv hl. m. Prahy
Staroměstská radnice (Altst. Rathaus)
Orloj
Karolinum
Stavovské divadlo (Ständetheater)
Kobe
Na Příkopě
Ovocný trh
Staroměstský mlýny
Muz. B. Smetany (Smetana-Museum)
Novotného lávka
Křižovnické nám.
Muzeum loutek
sv. Havel
sv. Kříž
Moser
Div. Minor
Jindřišská věž
Jubilejní synagoga
sv. Jindřich a Kunhuta
Senovážné nám.
Anenské nám.
Betlémská kaple (Bethlehemskapelle)
sv. Jiljí
Futurista Universum
Havelský trh
Casino Palais Savarin
Mucha Museum
Hotel Fusion
Div. Na zábradlí
Náprstkovo muz.
Betlémské nám.
Julius Meinl
Baťa
Můstek B
Můstek A
U Pinkasů
Restaurant Rainer Maria Rilke
sv. Bartoloměj
sv. Martin ve zdi
Jungmannovo nám.
P. Marie Sněžná (Maria Schnee)
Václavské náměstí (Wenzelsplatz)
Haupt-post
Duplex
sv. Kříž
Klášter šed sester
Divadlo Metro
Café Adria
Div. bez zábradlí
Františkaáská zahrada
Hotel Esplanade
Palác knih Luxor
Café Slavia
Národní kavárna
Café Louvre
Reduta
Národní
Div. J. Grossmanna
Národní divadlo
Viola
most Legií
Národní třída B
Rokoko
Národní divadlo (Nationaltheater)
sv. Voršila
Laterna magika
Kaufhaus U Nováků
Jungmannova
Vodičkova
Palackého
Spálená
Jindřišská
Politických vězňů
Opletalova
0
200 m
1 cm = 120 m
N

Tour **10**

lang

Bummel durch Galerien und Museen

Leica- und Langhans-Galerie → Mucha Museum → Haus zur Schwarzen Mutter Gottes → Muzeum Gastronomie → Haus zur Steinernen Glocke → Bethlehemskapelle → Völkerkunde-, Charles Bridge- und Kunstgewerbemuseum

Prag ist eine der wichtigsten Kulturstädte Europas, davon zeugen die vielen Museen und Galerien. Die Nationalgalerie ist in mehreren Gebäuden untergebracht, auch das Nationalmuseum umfasst mehr als nur das Hauptgebäude. Neben den staatlichen Institutionen beleben Kunstgalerien das Kulturleben ebenso wie kleinere Museen.

Start: Karlovo náměstí (Ⓜ B)
Ziel: Staroměstská (Ⓜ A)
Wann: bei jedem Wetter, die meisten Museen sind am Mo geschl.

Vom Karlsplatz mit seinen Dichterstatuen geht es in die weniger frequentierten Gassen der Neustadt. In der Školská 28 zeigt die

Leica-Galerie

Leica-Galerie ❶ Ausstellungen bekannter Fotografen wie Anton Corbijn und Helmut Newton. Hier kann man auch in Bildbänden stöbern und einen Kaffee trinken (www.lgp.cz, Mo–Fr 8–21, Sa/So 14–20 Uhr). Weiter geht es zur **Langhans-Galerie** ❷ in der Vodičkova 37, im Obergeschoss des gut sortierten Fotogeschäfts Škoda. Hier zeigt die humanitäre Organisation People in Need (Člověk v tísni) Fotografien rund um die Werte Toleranz,

Solidarität, Menschlichkeit, Freiheit und Demokratie (www.clovekvtisni.cz/en/langhans, Mo–Sa 10–20 Uhr).

Von der Fotografie zur Malerei: Der vor allem für seine Belle-Epoque-Plakate berühmte tschechische Maler Alfons Mucha (1860–1939) gelang durch ein Theater-Plakat für die französische Schauspielerin Sarah Bernardt 1894 zu Weltruhm. Im Barockpalais an der Herrengasse 17 (Panská) zeigt das **Mucha Museum** ❸ knapp 100 Exponate seines Schaffens (www.mucha.cz, tgl. 10–18 Uhr).

Als die Prager Architekten des Jugendstils überdrüssig waren, wandten sie sich kurzzeitig der avantgardistischen, abstrakten Kunstform des Kubismus zu, der in der Malerei um 1907 maßgeblich von Pablo Picasso und Georges Braques begründet wurde. Eines der wichtigsten Bauwerke ist das ***Haus zur Schwarzen Mutter Gottes** ❹ von Josef Gočár an der Ecke Obstmarkt 19 (Ovocný trh) und Zeltnergasse (Celetná). Das früher hier untergebrachte Kubismusmuseum hat die Nationalgalerie wieder aufgelöst, den Stil kann man allerdings im Grand Café Orient in der ersten Etage bewundern (s. Tour 9). Im Erdgeschoss verkauft das Geschäft Kubista entsprechende Einrichtungsgegenstände und Bücher. Durch die Geschichte von Kochkunst, Service und Tischsitten führt anschaulich das neue **Muzeum Gastronomie** ❺ in einem Rundgang durch die Jahrhunderte – von den Anfängen bis zu den heutigen einheimischen Spitzenköchen (Jakubská 12, www.muzeumgastronomie.cz, tgl. außer Mo 10–19 Uhr). Auf dem Weg zum Altstädter Ring verkauft die Galerie **Jakubská** impressio-

Haus zur Schwarzen Mutter Gottes

nistisch inspirierte, zeitgenössische Gemälde von Prag (s. Shopping S. 140).

Ein weniger beachtetes Gebäude am Altstädter Ring 13 ist das eher wie ein Turm wirkende **Haus zur Steinernen Glocke ❻**, zwischen dem Palais Kinský und der Teynkirche. In diesem ehemaligen Stadtpalast zeigt die städtische Galerie Wechselausstellungen moderner Kunst (www.citygalleryprague.cz, tgl. außer Mo 10 bis 20 Uhr). Das markante gotische Mauerwerk wurde erst 1961 hinter der Barockfassade entdeckt und aufwändig freigelegt. Von der schlichten gotischen ***Bethlehemskapelle ❼** gingen die wesentlichen Impulse der hussitischen Bewegung aus (Betlémské náměstí 4). Reformator Jan Hus forderte hier eine Kirche der Armut. An der Westseite des Bethlehemsplatzes steht das **Museum für Völkerkunde ❽** des Mäzens Vojta Náprstek, das sich mit asiatischen, afrikanischen und amerikanischen Kulturen beschäftigt (Nr. 1, www.nm.cz, tgl. außer Mo 10–18 Uhr).

Haus zur Steinernen Glocke

Am Kreuzherrenplatz zeigt das **Charles Bridge Museum ❾** Details zu den Vorgängerbauten und zur abgeschlossenen Rekonstruktion der Karlsbrücke (Křižovnické náměstí 3, www.muzeumkarlovamostu.cz, Mai–Sept. tgl. 10–20, Okt.–April bis 18 Uhr). Das im Volksmund »Umprum« genannte **Kunstgewerbemuseum ❿** illustriert anschaulich Kunsthandwerk von der Antike bis ins 19. Jh. Die Dauerausstellung widmet sich der Geschichte der Materialien (17. listopadu 2, www.upm.cz, tgl. außer Mo 10–18, Di bis 19 Uhr).

Touren im Anschluss: 5, 6, 8, 11, 12

Rudolfinum
10
Kunstgewerbe-museum
Vysoká syn.
Široká
James Dean
Beata Rajská
V kolkovně
Masná
Pinkasova syn.
nám. Jana Palacha
17. listopadu
Univerzita Karlova
Maiselova syn.
Salvátor
au Gourmand
Buddha-bar
sv. Jakub
Rybná
Kotva
Muzeum Gastro-nomie
Hotel Paříž
Maiselova
Pařížská
Dušní
Image
Haus zur Steinernen Glocke
Kinský-Palais
Ungelt/Teynhof
M. Štupartská
Týnská
Jakubská
Alšovo nábř.
Staroměstská A
Kaprova
Žatecká
Jáchymova
sv. Mikuláše (St. Niklas)
Staroměstské nám. (Altstädter Ring)
6
V Ungeltu
Galerie Jakubská
5
Obecního domu
Králodvorská
Veleslavínova
Říše loutek
Měst. knih.
Nám. Franze Kafky
Mikulášská
Týnský chrám (Teynkirche)
Štupartská
Obecní dům
Artěl
Platnéřská
Mariánské nám.
Magistrát
U radnice
Linhartská
Orloj
Staroměstská radnice (Altst. Rathaus)
Altstadt
Celetná
Haus zur Schwarzen Mutter Gottes
4
Prašná brána (Pulverturm)
sv. František z Assisi
Křižovnická
Klementinum
Seminářská
Archiv hl. m. Prahy
Malé nám.
Železná
Ovocný trh
Kobe
Am Graben
Karel IV
9
Charles Bridge Museum
Husova
Karlova
Kožná
Karolinum
Stavovské divadlo (Ständetheater)
Křižovnické nám.
Karlova
Muzeum loutek
Melantrichova
sv. Havel
Anenská
Řetězová
Liliova
Michalská
Havířská
sv. Kříž
Nekázanka
Anenské nám.
Div. Na zábradlí
Städtische Galerie
7
Betlémská kaple
sv. Jiljí
Jilská
Havelská
Rytířská
Na Příkopě
Moser
Mucha Museum
3
Casino Palais Savarin
Provaznická
Na můstku
Havelský trh
Julius Meinl
Náprstkova
Futurista Universum
Panská
Hotel Fusion
Völkerkunde-Museum
8
Betlémské nám.
Uhelný trh
Skořepka
28. října
Baťa
Můstek B
Můstek A
Betlémská
Restaurant R. M. Rilke
Perlová
Jungmannovo nám.
U Pinkasů
Jindřišská
Haupt-post
Konviktská
sv. Bartoloměj
Bartolomějská
Na Perštýně
sv. Martin ve zdi
P. Marie Sněžná (Maria Schnee)
Václavské náměstí (Wenzelsplatz)
Karolíny Světlé
Klášter šed. sester
sv. Kříž
Divadelní
Duplex
Národní
Divadlo Metro
Div. bez zábradlí
Palác knih Luxor
Café Slavia
Františkánská zahrada
Viola
Reduta
Charvátova
Národní třída B
2
Langhans-Galerie
Rokoko
Národní
sv. Voršila
Mikulandská
Spálená
Purkyňova
Jungmannova
Palackého
Laterna magika
Klášter sester voršilek
Vorsilská
Ostrovní
Vodičkova
Kaufhaus U Nováků
Div. ABC
Ostrovní
V Jirchářích
Opatovická
Schwarzen-berský palác
Vladislavova
Amana
V Jámě
Nové Město (Neustadt)
Na struze
sv. Michal
Div. Kalich
Pštrossova
Křemencova
Nejsv. Trojice
Div. Komedie
Opatovická
Lazarská
Masarykovo nábřeží
Vojtěšská
Černá
Novoměstská radnice (Neustädter Rathaus)
Navrátilova
Školská
Leica-Galerie
1
sv. Vojtěch
Řeznická
Příčná
Štěpánská
Ve Smečkách
Mánes
Myslíkova
Odborů
Žitná
Žitná
Náplavní
Na Zbořenci
Karlovo náměstí
Na Zderaze
Záhořanského
Kostel svatého Cyrila a Metodéjé (St. Kyrill und Method)
Malá Štěpánská
St. Stephan
N
Jiráskův nám.
Bürohaus „Tanzendes Haus"
Resslova
Karlovo náměstí B
Ječná
0
200 m
1 cm = 120 m

lang

Hollywood in Prag

Rudolfinum → St.-Nikolaus-Dom → Kampa-Insel → Karlsbrücke → Four Seasons Hotel → Neues Rathaus → Altstädter Ring → Ziegenplatz → U Obecního dvora

Prag gilt schon lange als wichtige europäische Filmmetropole. Bereits in den 1930er-Jahren gegründet, sorgten die Barrandov-Studios mit Märchenfilmen wie »Drei Haselnüsse für Aschenbrödel« und Serien wie »Pan Tau« für Weltruf. Seit Hollywood-Streifen wie »Amadeus«, »Mission: Impossible« und »Casino Royale« werden regelmäßig internationale Blockbuster in Prag gedreht.

Start: Staroměstská (Ⓜ A)
Ziel: Staroměstská (Ⓜ A)
Wann: bei jedem Wetter

Die Tour die Filmwelt beginnt am ***Rudolfinum** ❶ am Moldauufer. Im Action-Film »Liga der außergewöhnlichen Gentlemen« mit Sean Connery mimt das Konzerthaus die Bank of England. Im Film verläuft die Straße vor dem Rudolfinum parallel weiter, als ob dort keine Moldau fließen würde. Im zweiten Teil der »Chroniken von Narnia« dient das Gebäude als englisches Internat mit Eingang in die Londoner Underground. Und in »The Rise of Evil« stellt das Rudolfinum den Berliner Reichstag dar.

Filmschauplatz Rudofinum

Der Weg über die Mánesbrücke erlaubt einen Blick auf die Karlsbrücke, wie ihn unzählige Werbefilme einfangen. Am Kleinseitner Ring stellt der barocke ***St.-Nikolaus-Dom** ❷ mit seiner mächtigen Kuppel den nächsten Schauplatz: Im Mystery-Horror-Streifen »Van Helsing« wird ein Ball in Budapest hierher platziert. Zunächst hatte das Kulturministerium diese Art von Action aus Angst um die wertvollen Fresken verboten, das Erzbischofstum bewilligte die Aufnahmen dann doch noch – trotz Vampirstory.

Ein kleiner Schlenker führt in einen Innenhof hinter der Gasse Saská, wo das **Muzeum Karla Zemana** die Trickfilmkünste von Karel Zeman zeigt (www.muzeumkarlazemana.cz, tgl. 10 bis 19 Uhr). Eine Pause kann man danach im Kočár z Vídně einlegen (s. Restaurants S. 134). In einer Szene zu Beginn von »Amadeus« ist übrigens eine rasante Kutschfahrt in der kleinen Gasse Míšenská zu sehen.

Auf der Kampa-Insel

Der Blockbuster »Mission: Impossible« mit Tom Cruise spielte sich vor allem auf der **Kampa-Insel** ❸ ab. Der ganze Platz wurde im Film von einer Explosion heimgesucht; mit den Einnahmen finanzierte Prag die heutige Pflasterung. Auch in »Oliver Twist« von Roman Polanski spielte die Halbinsel unterhalb der ***Karlsbrücke** ❹ eine Rolle. Das berühmteste Prager Bauwerk kommt gleich in mehreren Filmen vor, doch am meisten gab es von der Karlsbrücke wohl in »xXx« mit Vin Diesel zu sehen, als nach jahrzehntelanger Pause wieder ein Fahrzeug über die Brücke fuhr.

Auf der Altstädter Seite erinnert das **Hotel Four Seasons** ❺ ebenfalls an Sean Connery: Er wurde im August 2002 während der Dreharbeiten zu »Gentlemen« von der Jahrhundertflut überrascht und musste den Rest seines Aufenthaltes mit anderen

Gestrandeten in einer Sporthalle verbringen. In der Nähe mündet das Klementinum in den Mariannenplatz (Mariánské náměstí) mit dem mächtigen **Neuen Rathaus ❻** ein. 1911 wechselte das Verwaltungszentrum vom Altstädter Rathaus in das prominente Jugendstilgebäude. Hier spielten weite Teile des sehenswerten Films »Kafka« mit Jeremy Irons. Der ***Altstädter Ring ❼** ist bei der Filmindustrie eine begehrte Location. In »Mission: Impossible« stand auf der Platzmitte, mit Hilfe einer Trickmontage, ein gläsernes Restaurant, dessen Wassermassen sich tatsächlich bei einer Szene auf dem Platz entleerten. In »Van Helsing« sprang Mr. Hyde von der Kirche Notre-Dame de Paris, um nach dem Aufprall genau auf dem Platz als Dr. Jekyll zu landen.

Paris am Ziegenplatz

Beliebt ist der **Ziegenplatz ❽** an der Kreuzung von Ziegengasse (Kozí) und Věženská. Während des Drehs von »G.I. Joe« glaubten sich Einheimische wie Besucher auf einmal nach Paris versetzt, denn es waren nur noch französische Aufschriften sowie ein originales Pariser Metroschild zu sehen. Bei »Mission: Impossible – Ghost Protocol« spielte derselbe Straßenzug Moskauer Gassen. Als Juwel der Prager Filmschaffenden gilt ein kleines abgeschlossenes Areal in der Straße **U Obecního dvora ❾**, deren Häuser bewusst nicht renoviert wurden. Stattdessen entstanden dort u. a. Szenen aus dem Paris der 1940er-Jahre in der Fernsehserie »Kommissar Maigret« (1991–2005) mit Bruno Cremer. Von hier führt der Spaziergang durch das jüdische Viertel an der Spanischen Synagoge vorbei wieder zurück zum Ausgangspunkt.

Touren im Anschluss: 5, 6, 8, 12

Klášter Anežský (Anežský-Kloster)
U Obecního dvora
Haštalské nám.
Haštalská
Rámová
Masná
Dlouhá
Kozí
Ziegen-platz
Josef-stadt
U Milosrdných
Na Františku
sv. Šimon a Juda
Dušní
SPŠ stav.
Spanische Syn.
Katr
U St. školy
Vězeňská
V Kolkovně
Široká
James Dean
Beata Rajská
Salvátor
Image
Gourmand au
Kinský-Palais
Ungelt/Týnhof
V Ungeltu
Týnská ulička
Týnský chrám (Teynkirche)
Altstadt
Staroměstské nám. (Altstädter Ring)
Staro-městská radnice (Altst. Rathaus)
Orloj
Mikulášská
Železná
Karolinum
sv. Havel
Havelská
Havelský trh
Rytířská
Na můstku
Provaznická
28. října
Baťa
Julius Meinl
Perlová
Kožná
Melantrichova
Michalská
Uhelný trh
Skořepka
sv. Jiljí
Jilská
Futurista Universum
Betlémská kaple (Bethlehems-kapelle)
Betlémské nám.
Betlémská
Náprstkovo muz.
Náprstkova
Div. Na zábradlí
Anenské nám.
Anenská
Liliová
Muzeum loutek
Řetězová
Seminářská
Husova
Karlova
Klementinum
Mariánské nám.
Linhartská
Archiv hl. m. Prahy
U radnice
Malé nám.
Franze Kafky
Neues Rathaus
Měst. knih.
Říše loutek
Kaprova
Žatecká
sv. Mikuláše (St. Niklas)
Maiselova
Maiselova syn.
Jáchymova
Pařížská
Vysoká syn.
Altneu-Synagoge
Bílkova
Krásnohorská
Curieových nám.
Les Moules
Pinkasova syn.
Klausová syn.
Obřadní síň
U st. hřbitova
Alter Jüd. Friedhof
Břehová
Čechův most
Univerzita Karlova
Široká
17. listopadu
Staroměstská A
Rudolfinum
Dvořákovo nábř.
Jazzboat
Vltava (Moldau)
nám. Jana Palacha
Alšovo nábř.
Veleslavínova
Křižovnická
Platnéřská
Hotel
Four-Seasons-Hotel
sv. František z Assisi
Karel IV
Altstädter Brückenturm
Křižovnické nám.
Novotného lávka
Staroměstský mlýny
Muz. B. Smetany (Smetana-Museum)
Karlův most
Karlsbrücke
Mánesův most
Franz Kafka Museum
Čertovka
Kampa-Insel
Lichtenštejnský palác
Museum Kampa
Kampa
Na Kampě
Hroznová
Kočár z Vídně
P. Marie pod řetězem
Velkopřevorské nám.
Maltézské nám.
Nosticova
Nebovidská
Harantova
Karmelitská
Prokopská
U malého Glena
Stará kamna
P. Marie Vítězné
Hotel Aria
Rubín
Mostecká
Saská
Lázeňská
Kleinseitner Brückentürme
Hostel Mango
Vojanovy sady
U lužického semináře
Cihelná
Klárov
U železné lávky
Kosárkovo nábř.
Hotel Klárov
Úřad vlády ČR (Regierungsamt)
U plovárny
nábřeží Edvarda Beneše
U Bruských kasáren
Malostranská A
Chotkova
Staré zámecké schody
Valdštejnská
Valdštejnský palác (Waldstein-Palast mit Waldstein-Garten)
Letenská
sv. Josef
sv. Tomáš
Josefská
Tomášská
Valdštejnské nám.
Thunovská
Sněmovna ČR (Parlament)
Chrám sv. Mikuláše St.-Nikolaus-Dom
Malostranské nám.
Palais Ledebourg
Pálffy Palác
Fürstenberg-Palais
Fürstenberská zahrada
Richterův letohrádek
U zlaté studně
Palais Lobkowitz
Jiřská
Zlatá ulička (Goldenes Gässchen)
Klášter sv. Jiří
Bazilika sv. Jiří (St.-Georgs-Basilika)
1 cm = 120 m
0
200 m
N

Tour 12

lang

Prager Geister

Neues Rathaus → Zum grünen Frosch → Teynhof → St.-Jakobs-Kirche → Zeltnergasse → Karolinum → Lilien- und Karlsgasse → Museum der Prager Legenden & Gespenster

Das nächtliche Prag zieht nicht nur romantische Nachtschwärmer an, zur Geisterstunde treiben auch die legendären Prager Gespenster ihre Spielchen. Einige sollen, den Sagen nach, bereits seit Jahrhunderten durch die mittelalterlichen Gassen spuken. Angeblich zählt die Stadt weltweit die meisten Spukwesen pro Quadratkilometer.

Start: **Staroměstská (Ⓜ A)**
Ziel: **Malostranská (Ⓜ A)**
Wann: **abends**

Eine eiserne Ritterstatue an der linken Ecke des **Neuen Rathauses** ❶ am Mariannenplatz 2 (Mariánské náměstí) erinnert an die Sage von einem Plattner mit seiner Tochter, die in der Gasse Platneřská lebten. In das Mädchen verliebte sich ein Ritter, aber sie verschmähte ihn. Darauf tötete er sie mit dem Schwert. Vor ihrem Tod stieß sie noch schnell einen Fluch aus, wonach er sich in Eisen verwandeln würde, und nur ein einstündiges Gespräch mit einem unberührten Mädchen alle hundert Jahre könne ihn von seiner Verdammnis befreien. Ein bekannter Stammgast der ehemaligen Weinstube **Zum grünen Frosch** ❷ war der Prager Scharfrichter Mydlař, der

Erstarrt zum Standbild

1621 für die Massenhinrichtung böhmischer Adliger auf dem Altstädter Ring sorgte. Seinen Lohn dafür versoff er in dieser Weinstube. Das Haus gehörte einem Schneider, der sich beim Anprobieren eines Gauklerkostüms eines Tages derart verrenkte, dass ihn seine Magd für einen Riesenfrosch hielt. Heute siedeln hier ungefährdet das Restaurant Brasiliero (❍❍) sowie ein Boutiquehotel (U Radnice 8, www.utribubnu.cz, ❍❍).

Eine andere Geschichte handelt von einem türkischen Kaufmann, der sich in die Tochter eines Schankwirts verliebte und bei seiner Abreise versprach, sie nach seiner Rückkehr zu ehelichen. Nach vier Jahren vergeblichen Wartens heiratete sie einen ihrer Verehrer. Tatsächlich aber kehrte der Türke zurück und schlug ihr voll Wut den Kopf ab. Seitdem macht er als trauriges Gespenst die Gassen beim **Teynhof ❸** unsicher und ist an seinem Turban und dem hinter sich ziehenden Kopf zu erkennen.

Von einem einarmigen Dieb ist sogar heute noch in der **St.-Jakobs-Kirche ❹** eine Spur zu sehen. Dort schlich sich ein Gauner einst in die Kirche, um die vor der Marienstatue abgelegten Geschenke zu stehlen. Aber als er in der verschlossenen Kirche an sein Werk gehen wollte, bewegte sich die Statue und hielt den verwirrten Kirchendieb am Arm fest. Als er am nächsten Morgen noch immer dort eingeklemmt war, befreite ihn ein Kirchendiener, indem er dem Dieb den Arm abhackte. Nun spukt der einarmige Bandit immer am Marientag zur Mitternacht in der Kirche; und die abgehackte, mumifizierte Hand hängt bis heute rechts vom Kircheneingang (Malá Štupartská). Im Mittelalter verführten eifrige Dirnen fromme Männer in der **Zeltnergasse ❺** (Celetná) zur Sünde. Als ein Kaplan der Teynkirche, der

St.-Jakobs-Kirche

Sage nach, von der unsittlichen Lukrezia ziemlich vulgär angemacht wurde, hieb er aus Schreck mit dem Kruzifix auf sie ein. Nach seiner Affekttat fiel er vom Herzschlag getroffen zu Boden, beide spuken noch heute herum. Ein Anatomieprofessor im **Karolinum** ❻ am Obstmarkt (Ovocný trh) wollte einst das Skelett seines jungen Dieners in seine Sammlung aufnehmen. Er bot dem jungen Mann 30 Goldstücke für die Rechte an dessen Knochen. Der Diener starb eines Tages angetrunken bei einer Rauferei, seitdem bettelt er als Geist Passanten an, ihm zu helfen, sein Skelett zurückzukaufen. In einer urigen Weinstube, z. B. in der Blatnička, kann man sich bei einem guten Tropfen von den Schauergeschichten erholen (Michalská 6, ❍–❍❍).

Wenn Ihnen danach ein kopfloser Reiter begegnet, dann befinden Sie sich in der **Liliengasse** ❽ (Liliová). Als Strafe für seinen zügellosen Lebenswandel reitet dieser Tempelritter immer zur Geisterstunde auf einem weißen Pferd mit dem abgeschlagenen Kopf unter dem Arm durch die Gasse. Auch in der **Karlsgasse** ❽ (Karlova) kommt es gelegentlich zu schaurigen Begegnungen: Ein feuriger Knochenmann mit einem Geldsack auf der Schulter treibt dort sein Unwesen. Das Geld hatte der böse Dieb bei einem großen Brand aus den Häusern gestohlen, während die Bewohner um ihr Leben kämpften. Allerdings brach er unter der Last der vielen Golddukaten zusammen, und das Geld verstreute sich in alle Winde. Noch mehr Appetit auf Prager Spukgeschichten stillt das gruselige **Museum der Prager Sagen und Gespenster** ❾ in der Brückengasse 18 (Mostecká, www.muzeum alchymistu.cz, tgl. 10–22 Uhr).

Karlsgasse

Touren im Anschluss: 14, 15, 16, 18

Josefov (Josefstadt)
Alt-stadt
Vltava (Moldau)
Úřad vlády ČR (Regierungsamt)
Fürstenberská zahrada
Fürstenberg-Palais
Malostranská A
Hotel Klarov
Valdštejnský palác (Waldstein-Palast mit Waldstein-Garten)
Vojanovy sady
sv. Josef
Mus. d. Prager Legenden und Gespenster
Hostel Mango
Franz Kafka Museum
Čertovka
Kleinseitner Brückentürme
Kočár z Vídně
P. Marie pod řetězem
Karlův most (Karlsbrücke)
Altstädter Brückenturm
Staroměstský mlýny
Muz. B. Smetany (Smetana-Museum)
Lichtenštejnský palác
Museum Kampa
Kampa
Rudolfinum
Alter Jüd. Friedhof
Obřadní síň
Klausová syn.
Pinkasova syn.
Altneu-Synagoge
Vysoká syn.
Les Moules
SPŠ stav.
Spanische Syn.
sv. Duch
Maiselova syn.
Univerzita Karlova
Staroměstská A
Říše loutek
Měst. knih.
Neues Rathaus
sv. Mikuláše (St. Niklas)
Salvátor
Image
James Dean
Beata Rajská
au Gourmand
Kinský-Palais
Teynhof
St.-Jakobs-Kirche
Buddha-bar
Kotva
Hotel Paříž
Obecního domu
V Ungeltu
Galerie Jakubská
Týnský chrám (Teynkirche)
Artěl
Pulverturm
Zeltnergasse
Kobe
Staroměstské nám. (Altstädter Ring)
Orloj
Altst. Rathaus
Zum grünen Frosch
Archiv hl. m. Prahy
Klementinum
sv. František z Assisi
Karel IV
Karlsgasse
Muzeum loutek
Karolinum
Stavovské divadlo (Ständetheater)
sv. Havel
sv. Jiljí
Betlémská kaple (Bethlehemskapelle)
Liliengasse
Futurista Universum
Div. Na zábradlí
Náprstkovo muz.
Restaurant Rainer Maria Rilke
sv. Bartoloměj
Klášter šed. sester
Havelský trh
Julius Meinl
sv. Martin ve zdi
Baťa
Můstek A
Můstek B
U Pinkasů
P. Marie Sněžná (Maria Schnee)
Casino Palais Savarin
Moser
sv. Kříž
Mucha Museum
Duplex
Václavské náměstí
Na Příkopě
Revoluční
Dlouhá
Celetná
Pařížská
Široká
Kaprova
Karlova
Husova
Michalská
Národní
Jindřišská
Mánesův most
Nosticova
0
200 m
1 cm = 120 m
N

lang

Auf dem Krönungsweg zur Karlsbrücke

Gemeindehaus → Pulverturm → Altstädter Rathaus → Kleiner Ring → Klementinum → Kreuzherrenkirche → Altstädter Brückenturm → Karlsbrücke → Kleinseitner Brückentürme

Am Platz der Republik stand im Mittelalter der alte Königspalast. Die Krönungsprozessionen führten von dort zum Altstädter Ring und via Kleiner Ring, Karlsgasse und Karlsbrücke bis hoch zur Prager Burg. Dieser »Krönungsweg« genannte Abschnitt ist ein idealer Einstieg für eine erste Entdeckung der Stadt.

Start: **Náměstí Republiky (Ⓜ B)**
Ziel: **Malostranská (Ⓜ A)**
Wann: **bei jedem Wetter**

Am Beginn dieser »Best of«-Tour durch Prag stehen am Platz der Republik (Náměstí Republiky) mit dem ***Gemeindehaus** ❶ und dem ***Pulverturm** ❷ gleich zwei Highlights, die ausführlich in Tour 2 beschrieben werden. Die anschließende Zeltnergasse (Celetná) führt direkt in die Altstadt. Zwischen den barocken

Am Altstädter Ring

Häusern befinden sich uralte Weinstuben und Läden mit landestypischen Glas- und Keramikprodukten.

Die Zeltnergasse mündet in den **Altstädter Ring** (Staroměstské náměstí). Auf diesem zentralen Marktplatz der Prager Altstadt mit seinen prachtvollen Fassaden ist ständig etwas los – vom jährlichen Marathon bis zum beliebten Weihnachtsmarkt. Auf dem beeindruckenden Platz fanden auch wichtige historische Ereignisse statt wie etwa die Krönung des Hussitenkönigs Jiří z Poděbrad 1458 und später im 20. Jh. die Machtübernahme der Kommunisten 1948. Das *️**Altstädter Rathaus** ❸ besteht aus einer Reihe von Gebäuden. Vom gotischen Turm aus zeigt sich der geschäftige Platz in seiner ganzen Weite und Pracht. Einige Bauten stammen noch aus der frühen Renaissance; die stolze Aufschrift »Praga caput regni« bedeutet »Prag, Hauptstadt des Königreichs«. Zu jeder vollen Stunde blicken Massen von Prag-Besuchern auf die interessante *️**Astronomische Uhr** und eine der Hauptsehenswürdigkeiten der Stadt. Mit dem Glockenschlag ziehen hinter den blauen Fensterchen eine Jesusfigur und die Apostel ihre Runde, am Ende kräht ein Hahn.

Astronomische Uhr am Rathaus

Auch zwei Gotteshäuser geben dem Altstädter Ring seine Gestalt: Die katholische ***Teynkirche** mit ihren 70 m hohen Türmen stammt noch aus der gotischen Epoche, während die barocke ***St.-Nikolaus-Kirche** der hussitischen Gemeinde gehört. Ein Denkmal in der Mitte des Platzes huldigt dem tschechischen Reformator **Jan Hus**, der die Habgier des Klerus anprangerte und 1415 beim Konzil in Konstanz auf dem Scheiterhaufen verbrannt wurde. Dahinter beherbergt das **Palais Kinský** eine Ausstellung der Nationalgalerie (Nr. 12, www.ngprague.cz, Di–So 10–18 Uhr).

Im Anschluss an den Altstädter Ring folgt der **Kleine Ring** ❹ (Malé náměstí). Besonders sehenswert ist das Gebäude der einstigen Eisenwarenhandlung Rott mit einer auffälligen Fassade des Bildhauers Mikoláš Aleš, inzwischen hat sich dort das Hard Rock Café niedergelassen. Bis zur Karlsbrücke schlängelt sich die **Karlsgasse** (Karlova) durch das von Souvenirläden gespickte Gassengewirr der Altstadt. Kurz vor der Moldau verbirgt sich hinter einer Mauer auf der rechten Seite das ehemalige Jesuitenkolleg **Klementinum ❺**, der zweitgrößte Gebäudekomplex in Prag. Sehenswert sind dort der Astronomische Turm mit einem barocken Bibliothekssaal sowie die Spiegelkapelle für klassische Konzerte (www.klementinum.com, April–Okt. tgl. 10–18, Nov.–März bis 17 Uhr).

Am **Kreuzherrenplatz ❻** mit der Kirche Franz von Assisi und einer Bronzestatue von Karl IV. markiert der gotische ***Altstädter Brückenturm ❼** den Beginn der ***Karlsbrücke ❽**. Ursprünglich führte die Judithbrücke als einzige über die Moldau, sie stürzte jedoch im 14. Jh. ein. Karl IV. ließ 1357 den jungen Architekten Peter Parler eine neue steinerne Brücke bauen, der Legende nach ließ dieser zur Stabilisierung Eier, Milch, Quark und Käse in den Mörtel mischen. Die charakteristischen 30 Barockstatuen entstanden erst später, viele sind heute durch Kopien ersetzt. Die Brücke wurde in jüngster Zeit aufwändig restauriert. Auf der gegenüberliegenden Seite reicht die Karlsbrücke bis zu den **Kleinseitner Brückentürmen ❾**, deren kleinerer Turm bereits zur Judithbrücke gehörte. Die Türme auf beiden Moldauseiten kann man besteigen (April–Sept. tgl. 10–22, März und Okt. bis 20, Nov.–Febr. bis 18 Uhr). Der Krönungsweg verbindet im weiteren Verlauf die Kleinseite mit der Prager Burg.

Auf der Karlsbrücke

Touren im Anschluss: 14, 15, 16, 18

Josefov (Josefstadt)
Staré Město (Altstadt)
Vltava (Moldau)
Jazzboat
Malostranská A
Úřad vlády ČR (Regierungsamt)
Hotel Klarov
Rudolfinum
Alter Jüd. Friedhof
Obřadní síň
Klausová syn.
Pinkasova syn.
Altneu-Synagoge
Vysoká syn.
Spanische Syn.
sv. Duch
Maiselova syn.
Univerzita Karlova
Staroměstská A
Říše loutek
Měst. knih.
sv. Mikuláše (St. Niklas)
Magistrát
Staroměstské nám. (Altstädter Ring)
Staro-městská radnice (Altst. Rathaus)
Orloj
Týnský chrám (Teynkirche)
Ungelt/Teynhof
V Ungeltu
Kinský-Palais
Galerie Jakubská
Artěl
sv. Jakub
Buddha-bar
Hotel Paříž
Kotva
Palladium
Náměstí Republiky
Nám. Republiky B
sv. Josef
Obecního domu
Gemeindehaus
Prašná brána (Pulverturm)
Celetná
Kobe
Karolinum
Stavovské div. (Ständetheater)
Na Příkopě
sv. Kříž
Moser
Div. Minor
Mucha Museum
Casino Palais Savarin
Havelský trh
sv. Havel
Julius Meinl
Baťa
Můstek A
Můstek B
Václavské náměstí
Pinkasů
Jungmannovo nám.
sv. Martin ve zdi
sv. Jiljí
Futurista Universum
Betlémská kaple (Bethlehemskapelle)
Náprstkovo muz.
Klášter sed. sester
Div. Na zábradlí
Muzeum loutek
Klementinum
Salvator-Kirche
Archiv hl. m. Prahy
Kleiner Ring
sv. František z Assisi
Karel IV
Karlsbrücke
Karlův most
Staroměstský mlýny
Altstädter Brückenturm
Muz. B. Smetany (Smetana-Museum)
Novotného lávka
Lichtenšteinský palác
Kampa
Museum Kampa
Restaurant Rainer Maria Rilke
Kočár z Vídně
Kleinseitner Brückentürme
Čertovka
Franz Kafka Museum
Hostel Mango
Vojanovy sady
U lužického semináře
Klárov
Letenská
Valdštejnská
Mánesův most
Jana Palacha nám.
17. listopadu
Křižovnická
Karlova
Pařížská
Dlouhá
Revoluční
Kozí
Široká
Salvator
Image
James Dean
Beata Rajská
Gourmand au
SPŠ stav.
Les Moules
Katr
Masna
sv. Haštal
Böhm. Malerei d. Mittelalters
sv. Kliment
Církev bratrská
1 cm = 120 m
0
200 m
N

kurz

Prager Venedig

Franz Kafka Museum → Kampa-Insel → John-Lennon-Mauer → Malteserplatz → Museum der Musik → St. Maria de Victoria → Palais Nostitz → Museum Kampa

Teufelsbach (Čertovka) heißt etwas reißerisch der kurze Seitenkanal, der die Prager Kleinseite von der künstlichen Moldau-Insel Kampa trennt. Wegen der direkt ins Wasser gebauten Häuser an seinen Ufern wird das Gebiet auch gern als »Prager Venedig« tituliert. Die Insel lockt mit ihrem grünen Park, ihren Lokalen und ihren Ausblicken Einheimische wie Besucher.

Start:	**Malostranská (Ⓜ A)**
Ziel:	**Újezd (Straßenbahn 22 u.a.)**
Wann:	**bei jedem Wetter**

Auf dem Weg ins Prager Venedig geht es zunächst ans Moldauufer in die Ziegelgasse (Cihelná), wo Spaziergänger gern Schwäne und Tauben füttern. Kurz dahinter zeigt das **Franz Kafka Museum ❶** anschaulich das Leben und Werk des Schriftstellers (Cihelná 2b, www.kafkamuseum.cz, tgl. 10–18 Uhr).

Kurz vor der Karlsbrücke trennt der Teufelsbach (Čertovka) die **Kampa-Insel ❷** in der Moldau von der Kleinseite. Die beschauliche Insel lockt Besucher in die netten Cafés und Terrassen der Restaurants am malerischen Platz Na Kampě. Kleine Antiquitätenläden laden zum Stöbern ein, und vom Park kann man die tolle Aussicht genießen. Eine Bootstour auf dem Teufelsbach erschließt unerwartete Ausblicke auf das Prager Venedig. Eine Treppe führt hinauf zur Karlsbrücke, der erste westliche Zugang zum Großprioratsplatz (Velkopřevorské náměstí) hinter einer noch aktiven Wassermühle. Die kleine Brücke ist seit einigen Jahren mit »Liebesschlössern« behängt. An dem romantischen Platz fällt die **John-Lennon-Mauer** ❸ gegenüber der französischen Botschaft auf. Vor der Wende versammelten sich hier jährlich am Todestag des Beatles-Sängers die Fans, um mit Liedern und Graffiti gegen den Bann westlicher Rockmusik im Land zu protestieren. Die kleinen Demonstrationen löste die Polizei meist schnell auf und ließ die Wand übermalen. Bis heute erscheinen immer wieder neue Graffiti auf der Mauer.

John-Lennon-Mauer

Auf dem **Malteserplatz** ❹ (Maltézské náměstí), östlich der Karmelitergasse, steht eine Statue von Johannes dem Täufer, dem Schutzpatron der Malteserritter. Ihr Orden sicherte bereits im 12. Jh. die einzige Moldaubrücke. Die Kirche **St. Maria unter der Kette** (Kostel Panny Marie pod řetězem) bildete einst den Mittelpunkt ihres Klosters; von der romanischen Basilika stehen aber nur noch die Außenmauern des Seitenschiffs (Lázeňská, nur zu Gottesdiensten und Konzerten geöffnet). Kulinarischer Höhepunkt am Malteserplatz ist das gemütliche **Café de Paris** mit einem sensationellem Entrecôte und ebensolcher Soße (Nr. 4, www.cafedeparis.cz, ○○).

Durch die enge Harantova- geht es zur Karmelitergasse (Karmelitská), wo das **Museum der Musik** ❺ die Geschichte der Musikinstrumente thematisiert. Das Nationalmuseum hat hier eine sehenswerte Ausstellung in einer ehemaligen Dominikanerkirche aus dem 17. Jh. eingerichtet. Etwas weiter nördlich in der Karmelitergasse folgt die Kirche **St. Maria de Victoria** ❻ (Panna Marie Vítězné). Sie wurde Anfang des 17. Jhs. für die in Prag ansässigen deutschen Lutheraner erbaut, ging aber nach der Schlacht am Weißen Berg (1620) in den Besitz der Karmeliterinnen über. Die zahlreichen Besucher – überwiegend aus Italien, Spanien und Südamerika – kommen hauptsächlich wegen der Figur Bambino di Praga. Von den Wundern des »Prager Jesulein« erzählen unzählige Votivtafeln, noch heute beten hier auch Einheimische vor wichtigen Prüfungen. Die etwa 45 cm große Wachsfigur aus dem 16. Jh. war ein Geschenk von Polyxena von Lobkowitz an den Orden. Bis heute trägt das Jesulein abwechselnd herrlich geschmückte Gewänder (Karmelitská 9, www.pragjesu.info, Mo–Sa 8.30–19, So bis 20 Uhr).

Bambino di Praga

Auf dem Rückweg zur Kampa-Insel fällt an der Südseite des Malteserplatzes das prächtige **Palais Nostitz** ❼ auf. Der Rokokopalast aus dem späten 17. Jh. dient heute als Kulturministerium. In einer ehemaligen Mühle am südlichen Teil der Insel siedelt das **Museum Kampa** ❽ mit einer Sammlung moderner Kunst, insbesondere ist es den Werken der tschechischen Künstler František Kupka, Jiří Kolář und Otto Gutfreund widmet. Nebenan sind an der Moldau weitere Kuriositäten zu beobachten: Zwischen einer Reihe gelber Pinguinfiguren und einem überdimensionierten Stuhl schlängeln sich die Moldauschiffe in eine Schleuse.

Touren im Anschluss: 20, 30 (in Gegenrichtung)

Královská zahrada
(Königsgarten)
Míčovna
(Ballhaus)
Zlatá ulička
(Goldenes
Gässchen)
Richterův letohrádek
Chotkova
U Bruských
kasáren
nábř. Edvarda Beneše
U plovárny
Brusnice
Staré zámecké
schody
Malostranská A
Katedrála
sv. Víta
(St.-Veits-
Dom)
Klášter sv. Jiří
Jiřská
Palais
Lobkowitz
Fürstenberská
zahrada
Úřad vlády ČR
(Regierungsamt)
Hotel
Klarov
Fürstenberg-
Palais
Bazilika sv. Jiří
(St.-Georgs-Basilika)
U zlaté
studně
Pálffy
Palác
Valdštejnská
Klárov
U železné lávky
Kosárkovo nábř.
Vltava (Moldau)
Královský palác
(Königspalast)
Palais
Ledebourg
Valdštejnský palác
(Waldstein-Palast
mit Waldstein-Garten)
Pražský hrad
(Prager Burg)
Sněmovna ČR
(Parlament)
Valdštejnské
nám.
Mánesův most
Zámecké
schody
Thunovská
Thunovská
Tomášská
sv. Tomáš
Letenská
Vojanovy
sady
Thun-H.
palác
U zlaté číše
Nerudova
sv. Josef
Malo-
stranské
nám.
Chrám
sv. Mikuláše
(St.-Nikolaus-
Dom)
Josefská
Hostel
Mango
U lužického semináře
Cihelná
Franz Kafka Museum
Lichtenštejnský
palác
Rubín
Dražického
nám.
Míšeňská
Čertovka
Schönbornský
palác
(Palais
Schönborn)
Tržiště
Mostecká
Kleinseitner
Brückentürme
U malého
Glena
Kočár
z Vídně
Saská
sv. František
z Assisi
Hotel
Aria
Prokopská
Karlův most
(Karlsbrücke)
Altstädter
Brückenturm
Schön-
bornská
zahrada
Vrtbovská
zahrada
Stará
kamna
Karmelitská
Lázeňská
P. Marie
pod řetězem
John-Lennon-Mauer
Velkopřevorské
nám.
Hroznová
Na Kampě
Kampa-
Insel
Staroměstský mlýny
Malteserplatz
Muz. B. Smetany
(Smetana-Museum)
Haran-
tova
P. Marie Vítězné
(St. Maria de Victoria)
Lichtenštejnský
palác
Novotného
lávka
Nebovidská
Palais Nostitz
Nosticova
Kampa
České muzeum hudby
(Tschech. Mus. d. Musik)
Div. Na zábradlí
Hellichova
Čertovka
U Sovových mlýnů
Malá Strana
(Kleinseite)
Museum Kampa
Semínářská
zahrada
Újezd
Tyršovo
muz.
Restaurant
Rainer Maria Rilke
Všehrdova
Smetanovo nábřeží
Divadelní
lanová dráha
(Standseilbahn)
Malostranské nábřeží
sv. Jan Křtitel
Na Prádle
Střelecký
ostrov
Petřínské
Říční
Říční
Café
Slavia
Újezd
Újezd
Šeři-
ková
K.H.
Mácha
sady
Vítězná
most Legií
Národní
Café Savoy
Hladová zeď
(Hungermauer)
Národní divadlo
(Nationaltheater)
Plaská
Zborovská
Janáčkovo nábř.
Újezd
Mělnická
N
Kinského
zahrada
Petřínská
0
200 m
náměstí
Kinských
Justiční
palác
1 cm = 120 m

Tour 15

kurz

Prächtige Palastgärten auf der Kleinseite

Vojan-Park → Vrtba-Garten → Terrasse Hotel Aria → Palastgärten → Waldstein-Palast → Waldstein-Garten

Die Kleinseite zählt zweifelsohne zu den grünsten und romantischsten Stadtvierteln Prags. Nirgendwo sonst findet man so viele prächtigen Gärten von Adelspalästen. Viele davon sind sogar öffentlich zugänglich. Dieser ruhige Spaziergang gibt einen guten Überblick über die barocke Palastarchitektur und ihre Grünanlagen, die bis hoch zur Prager Burg reichen.

Start: **Malostranská (Ⓜ A)**
Ziel: **Malostranská (Ⓜ A)**
Wann: **Mai–Okt. tagsüber (Waldstein-Palast nur am Wochenende geöffnet)**

Nicht alle Gärten fallen sofort ins Auge, wie das Beispiel **Vojan-Park ❶** (Vojanovy sady) zeigt: Die meisten Touristen wandern von der Ⓜ Malostranská hinter einer großen weißen Mauer in Richtung Karlsbrücke einfach weiter, ohne einen Blick in den herrlichen Park – mit prächtigen Pfauen und im Frühjahr blühenden Bäumen – zu werfen. Im 17. Jh. gehörte die Anlage noch zu einem Karmeliterkloster, heute dient der bis zum Finanzministerium reichende Park den Pragern als kleines Naherholungsziel (U Lužického semináře 17, Sommerzeit tgl. 8–19, Winterzeit bis 17 Uhr). Ein paar Schritte

Pfau im Vojan-Park

nach dem Garten fällt der Blick auf ein Kuriosum: Die wohl schmalste Prager Gasse mit einer eigenen Fußgängerampel führt zu einem kleinen Restaurant an der Moldau.

Nach einigen Schlenkern durch die Kleinseitner Gassen folgt ein weiteres verstecktes Kleinod: Der **Vrtba-Garten ❷** gehörte einer alten Adelsfamilie, die ihren gleichnamigen Palast mit Garten anno 1720 anlegte. Für viele Prager gilt die im italienischen Barockstil gestaltete Anlage als romantischste aller Prager Gärten. Der Garten ist in mehrere Terrassen eingeteilt, die durch Treppen miteinander verbunden sind. Beeindruckend sind die akkurat geschnittenen stilvollen Pflanzen- und Blumenbeete und die vielen Statuen antiker Götter (Karmelitská 25, www.vrtbovska.cz, April–Okt. tgl. 10–18 Uhr). Eine grandiose Aussicht auf den Vrtba-Garten und den benachbarten Laurenziberg bietet die **Terrasse im Hotel Aria ❸** (s. Hotels S. 129), sie ist ein idealer Ort für eine Tasse Kaffee oder ein gutes Glas Wein.

Vrtba-Garten mit St-Nikolaus-Kirche

Entlang des Kleinseitner Rings (s. Tour 16) durch die Thomasgasse geht es weiter zum Waldsteinplatz (Valdštejnské náměstí). In Nr. 3 befindet sich ein Zugang zu den **Palastgärten der Prager Burg ❹**, ein Ensemble aus mehreren Gärten von Adelspalästen. Exotische Pflanzen und Barockstatuen, Brunnen und Aussichtstürme bestimmen das romantische Ambiente.

Natürlich wäre es bequemer, von der Prager Burg aus hinunter zu wandern, doch die schönere Aussicht auf die terrassenförmige Anlage hat man in der umgekehrten Richtung, also von unten nach oben (www.palacove-zahrady.cz, Mai–Sept. tgl. 10 bis 19, Okt. bis 18 Uhr). Der herrliche Ausblick auf die Gärten wird im Restaurant **Pálffy Palác** kulinarisch ergänzt (s. Restaurants S. 136). Und inmitten der Palastgärten kann man sogar übernachten: im Hotel **U zlaté studně** (s. Hotels S. 131).

Gegenüber folgt das Highlight dieser Tour: der Komplex des Albrecht Wenzel Eusebius von Waldstein (1583–1634). Seit Schillers Drama ist er im deutschen Sprachgebrauch unter dem Namen Wallenstein bekannt. Sein tschechischer Name lautet dagegen Valdštejn – der Stammsitz der Familie liegt in den Wäldern Nordböhmens. Der einst protestantische Waldstein trat in den Dienst des katholischen Kaisers und erwarb sich während des Dreißigjährigen Kriegs nicht nur große Verdienste, sondern auch ein riesiges Vermögen. So konnte er bereits zu Beginn der Zwanzigerjahre des 17. Jhs. direkt unterhalb der Burg 26 Häuser und drei Gärten aufkaufen, um hier den ersten profanen Barockpalast Prags zu errichten, den **Waldstein-Palast ❺**. Als heutiger Sitz des tschechischen Senats (Oberhaus des Parlaments) ist er für Besucher nur am Wochenende zugänglich, dafür aber gratis (Valdštejnské náměstí 4, Sa/So 10–17 Uhr).

Waldstein-Palast

Hinter einem kleinen Durchgang verbirgt sich der ausgedehnte ***Waldstein-Garten ❻**, der bis zur Ⓜ Malostranská reicht. In der hohen Loggia, gleich am Anfang, finden im Sommer gelegentlich Konzerte statt. Sogar von der Prager Burg aus fällt die künstliche Grotte mit Tropfsteinelementen in einer Ecke des Gartens auf. Ein Blick von der dritten und vierten Sitzbank von rechts reicht bis hoch zur Prager Burg (Letenská 10, April–Okt. tgl. 10–18 Uhr).

Touren im Anschluss: 14, 16, 18

Na valech
Písecká brána
U Písecké brány
Tychonova
Chotkova
Gogolova
Letenské sady
Chotkovy sady
Bílkova vila
Mariánské hradby
Letohrádek Belvedér (Lustschloss Belvedere)
Hanavský pavilón
Královská zahrada (Königsgarten)
Pod Bruskou
Chotkova
U Bruských kasáren
nábř. Edvarda Beneše
U plovárny
Zlatá ulička (Goldenes Gässchen)
Míčovna (Ballhaus)
Richterův letohrádek
Staré zámecké schody
Malostranská A
Brusnice
Jiřská
Klášter sv. Jiří
Palais Lobkowitz
Fürstenberská zahrada
Úřad vlády ČR (Regierungsamt)
Katedrála sv. Víta (St.-Veits-Dom)
Bazilika sv. Jiří (St.-Georgs-Basilika)
U zlaté studně
Fürstenberg-Palais
Hotel Klarov
U železné lávky
Kosárkovo nábř.
Pálffy Palác
Palastgärten 4
Valdštejnská
Klárov
Pražský hrad (Prager Burg)
Královský palác (Königspalast)
Palais Ledebourg
5 Valdštejnský palác (Waldstein-Palast)
Valdštejnské nám.
6
Mánesův most
Sněmovna ČR (Parlament)
Zámecké schody
Thunovská
Thunovská
Tomášská
Waldstein-Garten
Letenská
Vojan-Park 1
Vltava (Moldau)
Thun-H. palác
U zlaté číše
sv. Tomáše
Vojanovy sady
U lužického semináře
Nerudova
Morzinský palác
Malostranské nám.
Chrám sv. Mikuláše (St.-Nikolaus-Dom)
Josefská
sv. Josef
Hostel Mango
Cihelná
Franz Kafka Museum
Lichtenštejnský palác
Dražického nám.
Mišeňská
Čertovka
Břetislavova
Tržiště
Rubín
Mostecká
Vlašská
Hotel Aria
U malého Glena
Kleinseitner Brückentürme
Schönbornský palác (Palais Schönborn) 3
Saská
Karlův most (Karlsbrücke)
Altstädter Brückenturm
2
Vrtba-Garten
Prokopská
Lázeňská
Kočár z Vídně
P. Marie pod řetězem
Vrtbovská zahrada
Stará kamna
Karmelitská
Staroměstský mlýny
Schönbornská zahrada
Velkopřevorské nám.
Hroznová
Na Kampě
Muz. B. Smetany (Smetana-Museum)
Maltézské nám.
P. Marie Vítězné (St. Maria de Victoria)
Harantova
Nebovidská
Lichtenštejnský palác
Nosticova
Kampa
České muzeum hudby (Tschech. Mus. d. Musik)
Malá Strana (Kleinseite)
Hellichova
Čertovka
Museum Kampa
U Sovových mlýnů
Újezd
Tyršovo muz.
Seminářská zahrada
Všehrdova
Smetanovo nábřeží
lanová dráha (Standseilbahn)
sv. Jan Křtitel Na Prádle
Střelecký ostrov
Malostranské nábřeží
N
Petřínské sady
Říční
Říční
0
200 m
K.H. Mácha
Újezd
1 cm = 120 m

mittel

Nerudas Kleinseitner Geschichten

Kleinseitner Ring → St.-Nikolaus-Dom → Palais Schönborn (Amerikanische Botschaft) → Palais Lobkowicz (Deutsche Botschaft) → Parlament

Schriftsteller Jan Neruda beschreibt in seinen »Kleinseitner Geschichten« das Leben der normalen Leute im ausgehenden 19. Jh., er wohnte nacheinander in drei Häusern entlang der nach ihm benannten Nabelschnur durch das romantische Viertel. Um die Ecke residieren die deutsche Botschaft und das tschechische Parlament.

Start: **Malostranská (Ⓜ A)**
Ziel: **Malostranská (Ⓜ A)**
Wann: **tagsüber bei jedem Wetter**

Das Stadtviertel unterhalb der Burg konnte sein überwiegend barockes Aussehen über anderthalb Jahrhunderte bewahren. Der **Kleinseitner Ring** ❶ (Malostranské náměstí) besteht aus einem unteren und einem oberen Platz. Drei Seiten des Rings werden von mächtigen Palais beherrscht. Historisch bedeutsam ist das an der Ecke zur Letenská liegende **Kleinseitner Rathaus** (Nr. 21), in dem 1575 Religionsfreiheit verkündet wurde. In den anschließenden Gebäuden sind die Büros der Parlamentsabgeordneten untergebracht, die im nahe gelegenen Parlament in der Landtagsgasse (Sněmovní) zu ihren Sitzungen zusammenkommen. Den oberen Abschluss des Platzes markiert das **Palais**

Kleinseitner Ring

Liechtenstein (Nr. 13) mit der Musikakademie. Im einstigen Café Radetzky und späteren Kleinseitner Kaffeehaus schrieb Rainer Maria Rilke an seinen Gedichten, heute schenkt dort die erste Prager Starbucks-Filiale Kaffee aus (Platzmitte, Nr. 28).

Den ***St.-Nikolaus-Dom** ❷ (Chrám sv. Mikuláše) betritt man vom oberen Teil des Platzes (Nr. 25, März–Okt. tgl. 9–16.45, Nov.–Febr. bis 15.45 Uhr). Er entstand nach Plänen von Vater und Sohn Dientzenhofer und gilt als schönstes Barockgebäude der Stadt. Das 1500 m² umfassende Deckenfresko in der 75 m hohen Kuppel gehört gar zu den größten in Europa. Auf der Orgel spielte einst Wolfgang Amadeus Mozart. Architekt Anselmo Lurago stellte den Glockenturm fertig, der allerdings zu keiner Zeit der Kirche gehörte und über einen separaten Eingang verfügt (Nr. 29, April bis Sept. tgl. 10–22, März und Okt. bis 20, Nov. bis Febr. bis 18 Uhr).

In der Nerudagasse

Als Nabelschnur durch die Kleinseite zieht sich die **Nerudagasse** (Nerudova), die steil zur Burg ansteigt und den letzten Teil des Krönungswegs der böhmischen Könige bildet. Heute haben sich in vielen barocken Bürgerhäusern mit ihren dekorativen Hausnamen-Symbolen zahlreiche Souvenirgeschäfte und ein gutes Antiquariat (s. Shopping S. 143) eingemietet, andere wiederum wurden in romantische Hotels umgewandelt.

Jan Neruda (1834–91), der bedeutendste tschechische Schriftsteller des 19. Jhs., gab der Gasse ihren Namen. Er lebte zunächst im Haus Esel an der Wiege (Nr. 25), später im Haus Zu den zwei Sonnen (Nr. 47) und schließlich im Haus Zu den drei schwarzen Adlern (Nr. 44), dem jetzigen Design & Style Hotel Neruda. Ausgerechnet in der Altstadt vollendete er seine Sammlung »Kleinseitner Geschichten«, die das Leben der Dienstboten, Händler und Studenten auf der Kleinseite beschreibt.

Durch das Haus Zur goldenen Krone (Nr. 13) mit dem Museum Montanelli führt ein kleiner Weg in die Marktgasse (Tržiště). Dort fällt zunächst das **Palais Schönborn** ❸ mit der amerikanischen Botschaft auf. In diesem einstigen Adelspalast von Graf Colloredo-Mansfeld wohnte im Jahre 1917 Franz Kafka, hier brach damals seine Tuberkulose aus. In der Verlängerung reicht die Straße Vlašská (Welsche Gasse) bis hinauf zum Strahov-Kloster. An einem kleinen Platz mitten in der Gasse steht das **Palais Lobkowitz** ❹, hier residiert die deutsche Botschaft. Der Balkon ist ein historischer Ort: Im September 1989 teilte der damalige Bundesaußenminister Hans-Dietrich Genscher den etwa 4000 in die Botschaft geflohenen DDR-Bürgern mit, dass sie ungehindert in die Bundesrepublik ausreisen können. Als Symbol schuf der tschechische Künstler David Černý einen Trabbi auf vier Beinen. Das Original steht im Zeitgeschichtlichen Forum in Leipzig, die Kopie hier im Garten.

Deutsche Botschaft

Der Rückweg zur Ⓜ Malostranská führt bis fast zur Prager Burg und über die Schlosstiege (Zámecké schody) hinunter zur Landtagsgasse (Sněmovní). Dort tagt das tschechische **Parlament** ❺ im unauffälligen Palais Thun. Nach dem man die Adelspaläste praktisch nur von außen besichtigen konnte, bietet das stilvolle Restaurant im **Pálffy Palác** (s. Restaurants S. 136) neben Einblicken in das Innere eines Palais auch kulinarische Höhepunkte.

Touren im Anschluss: 14, 15, 18

Hradčany (Hradschin)
Malá Strana (Kleinseite)
Vltava (Moldau)
Jelení
Mariánské hradby
U Prašného mostu
Královská zahrada (Königsgarten)
Lví dvůr
Jízdárna Pražského hradu
Míčovna (Ballhaus)
Zlatá ulička (Goldenes Gässchen)
Letohrádek Belvedér (Lustschloss Belvedere)
Bílkova vila
Hanavský pavilón
Chotkova
Pod Bruskou
U Bruských kasáren
nábřeží Edvarda Beneše
U plovárny
Richterův letohrádek
Staré zámecké schody
Malostranská A
Úřad vlády ČR (Regierungsamt)
Hotel Klarov
Kosárkovo nábř.
U železné lávky
Klárov
Brusnice
Klášter sv. Jiří
Jiřská
Palais Lobkowitz
Fürstenberská zahrada
Fürstenberg-Palais
Katedrála sv. Víta (St.-Veits-Dom)
Bazilika sv. Jiří (St.-Georgs-Basilika)
U zlaté studně
Pálffy Palác
Národní galerie Šternberský palác (Palais Sternberg)
Královský palác (Königspalast)
Palais Ledebourg
Valdštejnská
Valdštejnský palác (Waldstein-Palast mit Waldstein-Garten)
sv. Jan Nepomucký
Kanovnická
U kasáren
Arcibiskupský palác (Erzbischöfl. Palais)
Pražský hrad (Prager Burg)
Hradčanské nám.
Sněmovna ČR (Parlament)
Valdštejnské nám.
Mánesův most
Nationalgalerie
Zámecké schody
Thunovská
Tomášská
sv. Tomáše
Letenská
Vojanovy sady
Alšovo nábř.
Loretánská
Ke Hradu
Thun-H. palác
U zlaté číše
Radnické schody
Schwarzenberský palác (Palais Schwarzenberg)
Nerudova
Chrám sv. Mikuláše (St.-Nikolaus-Dom)
Malostranské nám.
Josefská
sv. Josef
Hostel Mango
U lužického semináře
Cihelná
Franz Kafka Museum
Úvoz
Jánská
Morzinský palác
Lichtenštejnský palác
Břetislavova
Rubín
Kleinseiter Ring
Mostecká
Dražického nám.
Míšenská
Čertovka
Deutsche Botschaft
Vlašská
Tržiště
Hotel Aria
U malého Glena
Saská
Lázeňská
Kleinseitner Brückentürme
sv. František z Assisi
sv. Karel Boromejský (Borromäuskirche)
Amerikan. Botschaft
Schönbornský palác (Palais Schönborn)
Vrtbovská zahrada
Stará kamna
Prokopská
Karmelitská
Kočár z Vídně
Karlův most (Karlsbrücke)
Altstädter Brückenturm
Karel IV
Lobkovický palác (Palais Lobkowitz)
P. Marie pod řetězem
Velkopřevorské nám.
Staroměstský mlýny
Schönbornská zahrada
Maltézské nám.
Hroznová
Na Kampě
Muz. B. Smetany (Smetana-Museum)
Novotného lávka
N
0
200 m
1 cm = 120 m
P. Marie Vítězné (St. Maria de Victoria)
Harantova
Lichtenštejnský palác
Kampa
1
2
3
4
5

Tour 17

kurz

Die älteste bewohnte Burg der Welt

Hradschiner Platz → Erster, Zweiter und Dritter Burghof → St.-Veits-Dom → Alter Königspalast → St.-Georgs-Basilika → Goldenes Gässchen → Wallgarten → Wenzels-Weinberg

Die Prager Burg ist unbestritten die bedeutendste Sehenswürdigkeit des Landes: Als Sitz von Kaisern und Präsidenten bildet sie seit mehr als 1000 Jahren das politische und kulturelle Zentrum der Nation. Überragt vom knapp 97 m hohen St.-Veits-Dom erinnert das Ensemble eher an ein Schloss. Ein Muss: das Goldene Gässchen.

Start: Pražský hrad (Straßenbahn 22 u.a.)
Ziel: Malostranská (Ⓜ A)
Wann: bei jedem Wetter, am besten nachmittags sowie zusätzlich am Abend

Hauptplatz im Burgviertel ist der **Hradschiner Platz** ❶ mit der Statue des ersten tschechoslowakischen Präsidenten, Tomáš Garrigue Masaryk, sowie stilvollen Adelspalästen. Die Nationalgalerie zeigt im Palais Sternberg u.a. Albrecht Dürers »Rosenkranzfest« und im Palais Schwarzenberg die Ausstellung »Barock in Böhmen« sowie Wechselausstellungen im Palais Salm-Salm (s. Tour 18). Gleich neben dem Haupteingang zur Burg steht das Erzbischöfliche Palais. Der **erste Burghof** ❷ beginnt beim »Kampf der Giganten« am Haupteingang. Mittags um 12 Uhr findet in diesem Vorhof der große Wachwechsel statt. Der **zwei-**

Beim Wachwechsel

te Burghof ❸ dient als Schnittstelle zum Seiteneingang, zum Basteigarten und zu den übrigen Burghöfen. In der Heiligkreuzkapelle erinnert der Domschatz mit den Reliquien an die Zeit von Karl IV. Die hohen Mauern der Westseite verbergen den prächtigen Spanischen Saal, der nur selten bei wichtigen Konzerten oder Staatsanlässen zugänglich ist. Der Staatspräsident residiert auf der Südseite. Der **dritte Burghof ❹** gehört zum ältesten Teil der Burganlage und geht bis auf das 9. Jh. zurück. Der Obelisk in der Hofmitte war ein Geschenk zum zehnjährigen Jubiläum der Tschechoslowakei 1928. Die Reiterstatue des hl. Georg gilt als Meisterwerk gotischer Bildhauerkunst. Im Informationsbüro lohnt sich der Kauf eines zweitägigen Kombitickets (www.hrad.cz, April–Okt. tgl. 9–18, Nov.–März bis 16 Uhr).

Die Silhouette der Prager Burg wird überragt vom ***St.-Veits-Dom ❺**. Mit seinem 124 m langen und 33 m hohen Innenraum ist er zugleich katholische Kirche und Grabstätte weltlicher Herrscher. Die drei Stilepochen Gotik, Renaissance und Barock verbinden sich zu einem harmonischen Gesamtkunstwerk. Bereits Mitte des 14. Jh. begannen Matthias von Arras und später Peter Parler mit dem Bau des gotischen Doms, doch verzögerten die Hussitenkriege die Fortsetzung um einige Jahrhunderte. Der westliche Teil mit dem heutigen Eingang wurde somit erst 1929 fertiggestellt. Gratis zu besichtigen ist nur der vordere Teil des Doms, mit Ticket kann man u.a. die wertvolle Wenzelskapelle und die Königsgruft anschauen (April–Okt. Mo–Sa 9–18, So 12–18, Nov.–März Mo–Sa 9–16, So 12–16 Uhr). Nicht verpassen: das Mosaik »Goldene Pforte« bei der Südseite des Doms.

Durch einen kleinen Durchgang gelangte der Kaiser in den **Alten Königspalast ❻**, der bis zum 16. Jh. den Herrschern als Residenz diente und seitdem zu repräsentativen Anlässen genutzt wird. Sehenswert ist vor allem der Vladislav-Saal mit seinem Rippengewölbe (April–Okt. tgl. 9–18 Uhr, Nov.–März bis 16 Uhr). Der nach Süden reichende Ludwigsflügel ging 1618 als Auslöser des Dreißigjährigen Kriegs in die Geschichtsbücher ein, als aufgebrachte Protestanten beim zweiten Prager Fenstersturz zwei Statthalter und ihren Sekretär hinauswarfen. Die **St.-Georgs-Basilika ❼** gilt als ältestes Gotteshaus der Stadt, auch wenn das barocke Hauptportal das Gründungsjahr 921 nicht erahnen lässt (April–Okt. tgl. 9–18, Nov.–März bis 16 Uhr).

Im 15. Jh. verstärkte Architekt Benedikt Ried die nördliche Wehrmauer und legte dabei Notbehausungen in großen Arkaden an. Zurzeit von Rudolf II. entstanden in den Bögen kleine Häuschen, in denen Alchimisten in ihren Laboratorien versuchten Gold herzustellen – daher der Name **Goldenes Gässchen ❽**. Franz Kafka bezog 1916 die Nr. 22, um in aller Ruhe zu schreiben. Neun der 16 pittoresken Häuser dokumentieren das einstige Leben in der Gasse.

Goldenes Gässchen

Vor den Palastmauern der Burg verläuft der **Wallgarten ❾**, der eine atemberaubende Sicht auf das Prager Zentrum offenbart (April–Okt.). Der **Wenzels-Weinberg ❿** knüpft an die Prager Weintradition an und lädt zu einem netten Spaziergang zur Ⓜ Malostranská ein. Vorher kann man aber auch im Restaurant **Villa Richter** (Staré zámecké schody 6, www.villarichter.cz, tgl. 11–23 Uhr, ❍❍❍) gut einkehren.

Touren im Anschluss: 14, 15, 16, 18

Letenské sady
Písecká brána
U Písecké brány
Tychonova
Chotkova
Gogolova
Chotkovy sady
Bílkova vila
Hanavský pavilón
Milady Horákové
U Prašného mostu
Pražský hrad
Mariánské hradby
Letohrádek Belvedér (Lustschloss Belvedere)
Pod Bruskou
Jelení
Královská zahrada (Königsgarten)
Lví dvůr
Villa Richter
U Bruských kasáren
nábř. E. Beneše
Jízdárna Pražského hradu
Míčovna (Ballhaus)
Zlatá ulička (Goldenes Gässchen)
Wenzels-Weinberg
Malostranská A
U Brusnice
Hradčany (Hradschin)
Brusnice
Pražský hrad (Prager Burg)
Klášter sv. Jiří
Jiřská
Staré zámecké schody
Fürstenberská zahrada
Úřad vlády ČR (Regierungsamt)
Hotel Klarov
Palais Lobkowitz
Národní galerie Šternberský palác (Palais Sternberg)
Katedrála sv. Víta (St.-Veits-Dom)
Bazilika sv. Jiří (St.-Georgs-Basilika)
Wall-garten
Fürstenberg-Palais
U železné lávky
Nový Svět
sv. Jan Nepomucký
Zweiter Burghof
Pálffy Palác
Valdštejnská
Klárov
P. Maria Andělská
Kapucínská
Kanovnická
Arcibiskupský palác (Erzbischöfl. Palais)
U zlaté studně
Palais Ledebourg
Královský palác (Alter Königspalast)
Valdštejnský palác (Waldstein-Palast mit Waldstein-Garten)
Loretánské nám.
Klášter kapucínů
U kasáren
Hradčanské nám.
Dritter Burghof
Erster Burghof
Sněmovna ČR (Parlament)
Valdštejnské nám.
Vltava (Moldau)
Kirche der Muttergottes von Loreto
Radnické schody
Hradschiner Platz
Nationalgalerie
Zámecké schody
Thunovská
Tomášská
Letenská
Vojanovy sady
Ke Hradu
Thun-H. palác
U zlaté číše
sv. Tomáš
U Lužického semináře
Chelna
Loretánská
Schwarzenberský palác (Palais Schwarzenberg)
Nerudova
Malostranské nám.
Chrám sv. Mikuláše (St.-Nikolaus-Dom)
sv. Josef
Pohořelec
Úvoz
Jánská
Morzinský palác
Lichtenštejnský palác
Josefská
Hostel Mango
Franz Kafka Museum
Bretislavova
Rubín
Tržiště
Mostecká
Míšeňská
Čertovka
Drážického nám.
Kleinseitner Brückentürme
Deutschland
Vlašská
Hotel Aria
U malého Glena
Lázeňská
Saská
Kočár z Vídně
Karlův most (Karlsbrücke)
sv. Karel Boromejský (Borromäuskirche)
Schönbornský palác (Palais Schönborn)
P. Marie pod řetězem
N
Lobkovický palác (Palais Lobkowitz)
Vrtbovská zahrada
Stará kamna
Prokopská
Velkopřevorské nám.
Na Kampě
Schönbornská zahrada
0
200 m
1 cm = 120 m
1
2
3
4
5
6
7
8
9
10

mittel

Tour 18

Durch den Hirschgraben zum Königsgarten

Hirschgraben → Spanische Reitschule → Königsgarten → Ballhaus → Lustschloss Belvedere → Villa Bílek

Wer den Besuchermassen auf dem Weg zur Prager Burg entkommen und den Burgberg als grüne Oase erleben möchte, sollte unbedingt den Hirschgraben aufsuchen, jenes ruhige bewaldete Areal entlang des Baches Brusnice hinter der Burg. Danach geht es durch den Königsgarten mit seinen Sehenswürdigkeiten wieder zurück.

Start: **Malostranská (Ⓜ A)**
Ziel: **Malostranská (Ⓜ A)**
Wann: **von April bis Oktober bei jedem Wetter (Villa Bílek am Mo geschl.)**

An der Ⓜ Malostranská trennen sich die Wege: Die meisten Besucher steigen in die Straßenbahn 22 zur Prager Burg, nur wenige gehen zu Fuß entlang der Gleise die Serpentinen nach oben. Auf der linken Seite zeigt sich ein unerwartetes Waldgebiet. Hinter dem Tor lässt man den Lärm der Großstadt hinter sich und läuft leicht ansteigend durch den **Hirschgraben ❶**, inmitten einer acht Hektar umfassenden Grünanlage mit hohen Bäumen und vielen Sträuchern (Chotkova, www.hrad.cz, April und Okt. tgl. 10–18, Mai und Sept. bis 19 Uhr, Aug. bis 20 Uhr, Juni/Juli bis 21 Uhr). Der Name geht auf Kaiser Rudolf II. zurück,

Hirschgraben

der im Graben einst Hochwild ansiedeln ließ. Nur selten kommen Wanderer entgegen. Ein Blick nach links oben offenbart die nördlichen Burgmauern, hinter denen sich das berühmte Goldene Gässchen verbirgt. Deutlich lassen sich die beiden befestigten Türme ausmachen.

Nach einem Spaziergang entlang des Bächleins Brusnice mit ein paar Sandsteinstatuen und Schautafeln überquert die Pulverbrücke (Prašný most) den Hirschgraben und lenkt die Besucher von der Straßenbahnhaltestelle zum Seiteneingang der Burg. Ein 84 m langer Fußgängertunnel mit roten Klinkersteinen verbindet direkt auf dem Flussbett den unteren mit dem oberen Teil des Hirschgrabens. Dort ermöglicht die 2007 wiedereröffnete Aussichtsplattform des ehemaligen Präsidenten, Tomáš Garrigue Masaryk, einen ungewohnten Blick auf die Rückseite der Prager Burg. Noch vor dem hinteren Ausgang zur Straße U Brusnice führt ein Aufgang auf die Pulverbrücke.

Mit der Prager Burg im Rücken folgt auf der linken Seite die **Spanische Reitschule** ❷ aus dem 17. Jh., regelmäßig finden Wechselausstellungen in den einstigen Stallungen statt. Gegenüber liegt der Eingang zum **Königsgarten** ❸, der bereits 1534 im Stil italienischer Gärten entstand (U Prašného mostu, April und Okt. tgl. 10–18, Mai und Sept. bis 19 Uhr, Aug. bis 20 Uhr, Juni/Juli bis 21 Uhr). Gleich nach der Gründung wurden hier die ersten Tulpen in Europa, als Geschenk eines türkischen Sultans, eingepflanzt – allerdings wurden sie rasch entwendet und gerieten in der Folge nach Holland. Im 19. Jh. umgewandelt in einen englischen Park, ist der Königsgarten erst seit 1990 öffentlich zugänglich. Der Garten mit seinem hohen Nadelbaumbestand

ermöglicht einen guten Blick auf die gegenüber liegende Nordseite der Prager Burg und den Hirschgraben. Hinter der einstigen Präsidentenvilla und der neu gebauten Orangerie folgt das **Ballhaus ❹** mit seiner Sgraffito-Fassade. Das Highlight im Königsgarten ist das Lustschloss der Königin Anna (Letohrádek královny Anny), häufig auch **Lustschloss Belvedere ❺** genannt.

Lustschloss Belvedere

Der erste Habsburger Herrscher auf dem böhmischen Thron, Ferdinand I., ließ das Gebäude 1560 für seine Frau Anna errichten. Allerdings konnte sie die Fertigstellung des angeblich schönsten Renaissancebaus nördlich von Italien nicht miterleben, da sie zuvor bei der Geburt ihres 15. Kindes verstarb. Die einstige Gemäldesammlung von Rudolf II. wurde bereits im Dreißigjährigen Krieg geplündert. Heute ist das Schloss nur gelegentlich für Ausstellungen geöffnet. Davor zieht der Springbrunnen **Singende Fontäne** interessierte Blicke und hellhörige Ohren an, denn das Plätschern des Wassers in die Bronzeschale erzeugt einen überraschenden musikalischen Ton.

Auf dem Rückweg lohnt sich ein Besuch der **Villa Bílek ❻**. Der Bildhauer František Bílek (1872–1941) gestaltete sein Wohnhaus mit Atelier in einer für Prag ungewöhnlichen Form: Ein geschwungenes Dach ruht auf Mauerwerk aus dunkelroten Ziegelsteinen und ägyptischen Säulen. Die Galerie der Stadt Prag zeigt hier interessante Werke des Künstlers (Mickiewiczova 1, www.citygalleryprague.cz, tgl. außer Mo 10–18 Uhr). Kurz vor der Ⓜ Malostranská kann man im lauschigen Innenhof vom Hotel Hoffmeister bei einem Kaffee oder Glas Wein ausruhen.

Touren im Anschluss: 14, 15, 16

Letenské sady
Bílkova vila
Písecká brána
U Písecké brány
Chotkova
Gogolova
Chotkovy sady
Letohrádek Belvedér (Lustschloss Belvedere)
Pod Bruskou
U Bruských kasáren
Chotkova
Villa Richter
Úřad vlády ČR (Regierungsamt)
Malostranská A
Hotel Klarov
U železné lávky
Klárov
Na valech
Milady Horákové
Pod Hradbami
Dělostřelecká
Tychonova
U Prašného mostu
Mariánské hradby
Jelení
Královská zahrada (Königsgarten)
Lví dvůr
Spanische Reitschule
Jízdárna Pražského hradu
U Prašného mostu (Pulverbrücke)
Hirschgraben
Míčovna (Ballhaus)
Zlatá ulička (Goldenes Gässchen)
Staré zámecké schody
Fürstenberská zahrada
Fürstenberg-Palais
Palais Lobkowitz
Jiřská
Klášter sv. Jiří
Brusnice
Bazilika sv. Jiří (St.-Georgs-Basilika)
U zlaté studně
Pálffy Palác
Palais Ledebourg
Valdštejnská
Valdštejnský palác (Waldstein-Palast mit Waldstein-Garten)
Katedrála sv. Víta (St.-Veits-Dom)
Královský palác (Königspalast)
Pražský hrad (Prager Burg)
Hotel U raka
U Brusnice
Nový Svět
Černínská
Národní galerie Šternberský palác (Palais Sternberg)
Arcibiskupský palác (Erzbischöfl. Palais)
P. Maria Andělská
sv. Jan Nepomucký
Kapucínská
Kanovnická
Hradčanské nám.
Loretánské nám.
Klášter kapucínů
Kirche der Muttergottes von Loreto
U kasáren
Černínský palác (Palais Czernin)
Loretánská
Nationalgalerie
Ke Hradu
Radnické schody
Schwarzenberský palác (Palais Schwarzenberg)
Zámecké schody
Sněmovna ČR (Parlament)
Valdštejnské nám.
Thunovská
Tomášská
Thun-H. palác
U zlaté číše
Nerudova
Úvoz
Jánská
Vlašská
Břetislavova
Tržiště
Morzinský palác
Lichtenštejnský palác
Malostranské nám.
Chrám sv. Mikuláše (St.-Nikolaus-Dom)
Rubín
Deutschland
Hotel Aria
sv. Tomáš
sv. Josef
Josefská
Letenská
Mostecká
Vojanovy sady
Hostel Mango
Dražického nám.
Míšeňská
U lužického semináře
Cihelná
Franz Kafka Museum
Čertovka
Kleinseitner Brückentürme
N
0
200 m
1 cm = 120 m

Tour **19**

mittel

Kloster Strahov und die Neue Welt

Galerie Miro → Kloster Strahov → Palais Czernín → Loreto → Neue Welt → Nationalgalerie → Erzbischöfliches Palais

Oberhalb der Prager Burg liegt Strahov, das größte Kloster des Landes. Der Burgberg zieht noch heute Wallfahrer zum Loreto-Heiligtum an, dahinter befindet sich die romantische Künstlergasse »Neue Welt«. Und am Hradschiner Platz zeigt die Nationalgalerie ihre Sammlungen gleich in drei mächtigen Palästen, darunter auch Albrecht Dürers »Rosenkranzfest«.

Start: Pohořelec (Straßenbahn 22 u.a.)
Ziel: Pražský hrad (Straßenbahn 22 u.a.)
Wann: tagsüber bei jedem Wetter außer am Montag (Nationalgalerie geschl.)

Am Anfang des Klosterhofs mit seinem ausgeprägtem Kopfsteinpflaster präsentiert die **Galerie Miro ❶** in der einstigen Kirche des Hl. Rochus die Werke einheimischer und internationaler Künstler. Der Name erinnert an den spanischen Maler Joan Miró, geht allerdings auf den Gründer Miro Smolák zurück.

Miro-Galerie

Das ***Strahov-Kloster ❷** entstand bereits im 12. Jh. als ältestes Kloster des Prämonstratenser-Ordens. Im Dreißigjährigen Krieg erhielt das Haus die Gebeine vom Ordensgründer Hl. Norbert. Er liegt in der barocken **Maria-Himmelfahrts-Kirche** begraben, die ursprünglich als dreischiffige romanische Basilika konzipiert wurde. Der anschließende Klosterhof beherbergt auch die Gedenkstätte für nationales Schrifttum.

Ein Muss ist die Besichtigung der **Klosterbibliothek** mit ihren beiden wertvollen Sälen. Der flache Theologische Saal von 1679 entspricht noch ganz einer mittelalterlichen Klosterbibliothek. Vom Geist der Aufklärung durchdrungen ist dagegen der Philosophische Saal von 1790 mit zweistöckigen Regalen und sehenswertem Deckenfresko. Dieser Saal war übrigens auch im James-Bond-Streifen »Casino Royale« zu sehen. Wer fotografieren möchte, muss eine Fotoerlaubnis erstehen (Strahovské nádvoří 1, tgl. 9–12, 13–17 Uhr).

Theologischer Saal

Einkehren kann man in zwei Restaurants: in der Klosterbrauerei sowie im Kellerrestaurant Peklo (Hölle). Nicht verpassen: Die Aussichtsplattform vor dem Hauptgebäude ermöglicht einen eindrucksvollen Blick auf Prager Burg und Laurenziberg.

Ein kleiner Durchgang führt zum Platz Pohořelec (Brandstätte). Hier vernichteten einst große Feuerbrünste viele Gebäude und Teile des Strahov-Klosters. Am anschließenden Loreto-Platz (Loretánské náměstí) steht seit Ende des 17. Jh. das **Palais Czernín ❸**, er ist mit seinen ca. 150 m der breiteste Palast in Prag (Nr. 5). Seit 1934 sitzt hier das Außenministerium, das Gebäude kann man nicht besichtigen. Beim dritten Prager Fenstersturz stürzte 1948 der letzte nicht-kommunistische Minister, Jan Masaryk, aus seinem Fenster.

Gegenüber liegt die Wallfahrtsstätte ***Loreto ❹**, gestiftet von Katerina Benigna von Lobkowitz im Zuge der Gegenreformation. Den architektonischen Mittelpunkt bildet die Casa Santa, eine

Nachbildung der Wallfahrtskapelle im italienischen Loreto. Zum Schutz der Wallfahrer wurden zunächst Wandelgänge um die Casa Santa errichtet, in die Christoph Dientzenhofer im 18. Jh. die Barockkirche Christi Geburt eingliederte. Die Schatzkammer in der ersten Etage beherbergt u.a. die berühmte Diamantenmonstranz »Prager Sonne«, die mit 6222 Diamanten besetzt ist (Nr. 7, April–Okt. tgl. 9–17, Nov.–März 9.30–16 Uhr). Dahinter schließt sich das Viertel **Neue Welt** ❺ (Nový Svět) an, das Künstler und Kunsthandwerker nach jahrzehntelangem Dornröschenschlaf für sich entdeckten. Im kleinen Romantikhotel U raka (s. Hotels S. 131) – ein altes Bauernhaus mit Schindeldach – lässt es sich angenehm nächtigen, und lohnt es sich, hier eine Pause im gemütlichen Café einzulegen.

Der Hradschiner Platz (Hradčanské náměstí), direkt vor der Prager Burg, markiert das Zentrum des Burgviertels (Hradčany), an dem die Adelsfamilien nach dem großen Stadtbrand von

Palais Schwarzenberg

1541 ihre Paläste möglichst nahe an den Königshof bauten. Die Nationalgalerie (tgl. außer Mo 10–18 Uhr) präsentiert in drei Gebäuden ihre Sammlungen: Das mächtige **Palais Schwarzenberg** ❻ an der Südseite thematisiert »Barock in Böhmen« (Nr. 2), das Nebengebäude **Palais Salm-Salm** (Nr. 1) beherbergt Wechselausstellungen und ein Café mit leckerem Apfelstrudel. Gegenüber zeigt das **Palais Sternberg** ❼ italienische, niederländische und deutsche Kunst (Nr. 15). Gleich neben der Prager Burg residiert der Prager Erzbischof im **Erzbischöflichen Palais** ❽ (Nr. 16).

Touren im Anschluss: 17

Muzeum městské hromadné dopravy (Verkehrsmuseum)
Letohrádek Belvedér (Lustschloss Belvedere)
Pražský hrad
Mariánské hradby
Královská zahrada (Königsgarten)
Lví dvůr
Jízdárna Pražského hradu
Míčovna (Ballhaus)
Zlatá ulička (Goldenes Gässchen)
Hradčany (Hradschin)
Hotel U raka
Brusnice
Klášter sv. Jiří
Palais Lobkowitz
Jiřská
Katedrála sv. Víta (St.-Veits-Dom)
Bazilika sv. Jiří (St.-Georgs-Basilika)
U zlaté studně
Pálffy Palác
Neue Welt
Nový Svět
sv. Jan Nepomucký
Národní galerie Šternberský palác (Palais Sternberg)
Pražský hrad (Prager Burg)
Královský palác (Königspalast)
Palais Ledebourg
P. Maria Andělská
Kanovnická
Arcibiskupský palác (Erzbischöfl. Palais)
Loretánské nám.
Klášter kapucínů
Hradčanské nám.
Sněmovna ČR (Parlament)
Valdštejnské nám.
Černínský palác (Palais Czernin) Außenministerium
Kirche der Muttergottes von Loreto
Nationalgalerie
Zámecké schody
Thunovská
Tomášská
sv. Tomáš
Thun-H. palác
U zlaté číše
Ke Hradu
Loretánská
Radnické schody
Schwarzenberský palác (Palais Schwarzenberg)
Nerudova
sv. Josef
Malostranské nám.
Chrám sv. Mikuláše (St.-Nikolaus-Dom)
Úvoz
Jánská
Morzinský palác
Lichtenštejnský palác
Břetislavova
Josefská
Mostecká
Pohořelec
Muzeum Miniatur
sv. Karel Boromejský (Borromäuskirche)
Deutschland
Vlašská
Tržiště
Rubín
Hotel Aria
U malého Glena
Lázeňská
Strahovské nádvoří
Lobkovický palác (Palais Lobkowitz)
Schönbornský palác (Palais Schönborn)
Vrtbovská zahrada
Stará kamna
Prokopská
Galerie Miro
Strahovský klášter (Strahov-Kloster)
Schönbornská zahrada
Malá Strana (Kleinseite)
N
0
200 m
1 cm = 120 m
Cukrovarnická
Slunná
U laboratoře
Střešovická
Patočkova
Jelení
U Brusnice
U Prašného mostu
Nad octárnou
Na Hubálce
Myslbekova
Hládkov
Morstadtova
Parléřova
Keplerova
Dlabačov
Diskařská
Černínská
Kapucínská
U kasáren
Na náspu

Tour 20

lang

Auf dem Laurenziberg

Mahnmal für die Opfer des Kommunismus → Seilbahn → Statuen von Jan Neruda und Karel Hynek Mácha → St. Laurentius → Spiegelkabinett → Aussichtsturm → Sternwarte

Der Petřín (Laurenziberg) gilt als Ort der Prager Verliebten: Am 1. Mai pilgern Paare jeglichen Alters auf den Hügel und küssen sich dort unter einem blühenden Baum. Passend dazu zieren eine Reihe von Dichterstatuen das Lieblingsausflugsziel der Prager. Wer den »Prager Eiffelturm« besteigt, wird mit grandiosem Ausblick belohnt.

Start: **Újezd (Straßenbahn 22 u.a.)**
Ziel: **Pohořelec (Straßenbahn 22 u.a.)**
Wann: **Frühjahr bis Herbst bei schönem Wetter oder im verschneiten Winter**

Etwa auf Höhe der Straßenbahnhaltestelle Újezd stand einst ein Tor als Teil der damaligen Stadtmauer, die das südwestliche Ende der Stadt markierte. Wo die Straße Vítězná als Verlängerung der Legionsbrücke (Most Legií) auf die Querstraße Újezd trifft, setzt das **Mahnmal für die Opfer des Kommunismus** ❶ die gedachte Linie am Hügel fort. Eine Gruppe von Statuen säumt die leicht ansteigende Fußgängertreppe, wobei die Figuren nach oben hin ihre Körperteile verlieren und so die auszehrende Epoche von 1948–1989 optisch darstellen. Der Laurenziberg gilt als Hausberg der Kleinseite, seinen deutschen

Mahnmal

Namen erhielt er von der St.-Laurentius-Kirche. Auf Tschechisch heißt der 318 m hohe Berg Petřín. Vom Újezd aus führt seit 1891 eine **Standseilbahn** ❷ nach oben. An der Mittelstation liegt das Ausflugsrestaurant Nebozízek.

Diese Tour führt allerdings zu Fuß, auf markierten Spazierwegen, den Hügel hinauf. Bevor der Weg die Gleise der Standseilbahn unterquert, ist die Bronzestatue des Kleinseitner Schriftstellers **Jan Neruda** ❸ (s. Tour 16) zu sehen. Wenig später folgt die Statue des früh verstorbenen Dichters **Karel Hynek Mácha** ❹ (1810–36), dessen romantisches Gedicht »Der Mai« noch heute als Grundlage für den alljährlichen Spaziergang auf den Laurenziberg gilt. Einem rege gepflegten Brauchtum nach muss die tschechische Frau am 1. Mai unter einem blühenden Baum geküsst werden, dann – so das Versprechen – hält die Liebe für das ganze kommende Jahr, ganz besonders wirksam, wenn man sich unter der Mácha-Statue küsst.

Karel-Hynek-Mácha-Statue

Im Verlauf des Aufstiegs ist linker Hand die **Hungermauer** zu sehen, die Kaiser Karl IV. der Legende nach bauen ließ, um damit arbeitslosen Armen ein Einkommen zum Überleben in einer Hungerperiode zu verschaffen, tatsächlich waren seine Absichten wohl eher strategischer Natur.

Oben auf dem Plateau des Bergs angekommen, folgt nach der oberen Seilbahnstation die **St.-Laurentius-Kirche** ❺ mit drei weithin sichtbaren Zwiebeltürmen. Barockarchitekt Kilian Ignaz Dientzenhofer gestaltete die im Tschechischen Sv. Vavřinec genannte Kirche 1745 direkt an der Hungermauer. Das **Spiegelkabinett** ❻ gegenüber der Kirche entstand als Pavillon zur

Jahrhundertausstellung 1891 im Stadtteil Holešovice und war dort eine Attraktion. Neben dem originellen Spiegellabyrinth ist auch das 80 m² große **Diorama** von der Schlacht gegen die Schweden auf der Karlsbrücke zum Ende des Dreißigjährigen Kriegs sehenswert (Petřínské sady, April–Sept. tgl. 10–22, März und Okt. bis 20 Uhr, Nov.–Febr. bis 18 Uhr).

Nebenan erhebt sich der ebenfalls 1891 erbaute **Aussichtsturm ❼**. Vorbild war der zwei Jahre zuvor eröffnete Pariser Eiffelturm, dessen Prager Kopie mit etwa 64 m zwar nur ein Fünftel von dessen Höhe erreicht; allerdings stimmt der Vergleich wieder, wenn man die Höhe vom Flussbett bis zur Turmspitze rechnet. Nach 299 Stufen gelangt man auf die Aussichtsplattform. Die Mühe wird mit einem grandiosem Ausblick über die Prager Burg, die Prager Kleinseite und Altstadt belohnt. Als bequeme Alternative fährt auch ein Fahrstuhl hinauf (Öffnungszeiten wie Spiegelkabinett).

Prager Eiffelturm

Ein Abstecher führt zur **Štefánik-Sternwarte ❽**, die die Tschechische Astronomische Gemeinde 1929 an exponierter Stelle eröffnete, um die Forschungseinrichtung öffentlich zugänglich zu machen (Strahovská 205, www.observatory.cz, Winter Di–Fr 18–20, Sa/So 11–20 Uhr, Sommer Di–Fr 14–19, 21–23, Sa/So 11–19, 21–23 Uhr). Die Tour endet am Kloster Strahov (s. Tour 19). Nach dem anstrengenden Aufstieg ist eine kulinarische Pause im Restaurant Bella Vista direkt vor dem **Kloster Strahov ❾**, oberhalb von dessen Aussichtsplattform, genau das Richtige (Strahovské nádvoří 1, www.bella-vista.cz).

Touren im Anschluss: 19

Kirche der Muttergottes von Loreto
Černínský palác (Palais Czernin)
Hladkov
Loretánská
Radnické schody
Schwarzenberský palác (Palais Schwarzenberg)
Ke Hradu
Thun-H. palác
U zlaté číše
Thunovská
Nerudova
sv. Tomáš
Letenská
Vojanovy sady
sv. Josef
Hostel Mango
Malostranské nám.
Chrám sv. Mikuláše (St.-Nikolaus-Dom)
Pohořelec
Úvoz
Jánská
Morzinský palác
Lichtenštejnský palác
Josefská
Mostecká
Dražické nám.
Míšeňská
Kleinseitner Brückentürme
Muzeum Miniatur
Galerie Miro
Deutschland
Vlašská
Břetislavova
Tržiště
Rubín
Hotel Aria
U malého Glena
sv. Karel Boromejský (Borromäuskirche)
Lobkovický palác (Palais Lobkowitz)
Schönbornský palác (Palais Schönborn)
Saská
Lázeňská
Kočár z Vídně
P. Marie pod řetězem
Strahovské nádvoří
Strahovský klášter (Kloster Strahov)
Vrtbovská zahrada
Stará kamna
Karmelitská
Prokopská
Velkopřevorské nám.
Hroznová
Na Kampě
Schönbornská zahrada
Maltézské nám.
P. Marie Vítězné (St. Maria de Victoria)
Harantova
Nebovidská
Nosticova
Strahovská zahrada
Lobkovická zahrada
Malá Strana (Kleinseite)
České muzeum hudby (Tschech. Mus. d. Musik)
Hellichova
Kampa
Čertovka
U Sovových mlýnů
Museum Kampa
Strahovská
Petřínská rozhledna (Aussichtsturm)
Zrcadlové bludiště (Spiegelkabinett)
Statue von Jan Neruda
Seminářská zahrada
Tyršovo muz.
Všehrdova
kaple Božího hrobu (Kalvárie)
St.-Laurentius-Kirche
lanová dráha (Standseilbahn)
Petřínské sady
sv. Jan Křtitel Na Prádle
Malostranské nábřeží
Petřín (Laurenziberg) 318 m
Nebozízek
K. H. Mácha
Újezd
Říční
Olympijská
Mahnmal für die Opfer des Kommunismus
Vítězná
Štefánikova hvězdárna (Štefánik-Sternwarte)
Hladová zeď (Hungermauer)
Plaská
Velký Strahovský stadión
Vaníčkova
Chaloupeckého
Kinského zahrada
N
0
200 m
1 cm = 120 m

mittel

Dejvice – Unicampus und Villenviertel

Tschechische Technische Universität → Technische Nationalbibliothek → Theater Špejbl & Hurvínek → Tschechoslowakische Hussitische Kirche

Die Metrostation Dejvická kennt jeder, der mit öffentlichen Verkehrsmitteln zum Flughafen fährt. Rund um den größten Kreisverkehr der Stadt entstand ab den 1920er-Jahren ein modernes Viertel mit der Technischen Universität und anderen Hochschulen. Im älteren Teil befindet sich das weltberühmte Marionettenheater mit den beiden Akteuren Špejbl und Hurvínek.

Start: Dejvická (Ⓜ A)
Ziel: Hradčanská (Ⓜ A)
Wann: bei jedem Wetter, Nationalbibliothek am So geschl.

In den Siegesplatz (Vítězné náměstí) münden die westlichen Hauptverkehrsstraßen wie die Evropská aus Richtung Flughafen und weitere Straßen aus den nördlichen Wohngebieten. Der von der Straßenbahn durchquerte Platz fällt besonders durch seine ebenfalls runde Bebauung auf. Als wichtigster Architekt gilt Antonín Engel, der Anfang der 1920er-Jahre nicht nur den Bebauungsplan für Dejvice vorlegte, sondern auch eine Reihe der gewölbten Bauten gestaltete. Unter den vielen Lokalen lohnt sich ein Besuch im Kulaťák (s. Restaurants S. 135).

Die meisten Gebäude belegt die **Tschechische Technische Universität ❶** (ČVUT). Bereits 1707 gegründet und zwischenzeitlich im Klementinum untergebracht, gilt sie als älteste zivil genutzte technische Universität in Europa. Während einige der acht Fakultäten in der Altstadt oder außerhalb der Stadt untergebracht sind, besuchen die meisten der 24000 Studierenden den Campus in Dejvice. Linker Hand der zweispurigen Technická befindet sich die inzwischen selbstständige **Universität für Chemie und Technologie** (VŠCHT). Hier promovierte u.a. der Erfinder der Kontaktlinsen, Otto Wichterle. Die Gebäude sind in einer rasanten Autorallye-Szene im Film »G.I. Joe« zu sehen, auch wenn sie dort nicht ein Prager, sondern ein Pariser Universitätsviertel darstellen. Der jüngste Zuwachs auf dem Areal ist die **Technische Nationalbibliothek** ❷ mit ihrer abgerundeten dunklen Glasfassade. Die älteste Bibliothek des Landes mit ihren eineinhalb Millionen Objekten zog 2009 vom Klementinum in das neue Gebäude, dessen Bauherren einen großen Wert auf Umweltverträglichkeit und Energieverbrauch legten. Die Bibliothek steht mit zahlreichen Lesesälen, 1200 Sitzplätzen zum Studieren und dem Café Traverza auch der Öffentlichkeit offen (Technická 6, www.techlib.cz).

Universität

Hinter den Fakultäten schließen sich exklusivere Wohnviertel an, im grünen Ortsteil Hanspaulka wohnte einst der verstorbene Ex-Präsident Václav Havel. Eine Handvoll Botschaften residieren in den vornehmen Villen in Dejvice und Umgebung, darunter die Botschaft der Schweiz, von Spanien und von Russland. Das monumentale Gebäude nördlich des Kreisels entstand 1954 im Stil des sozialistischen Realismus als verkleinerte Kopie der sieben Moskauer »Stalin-

Hotel Crown Plaza

Schwestern«, heute beherbergt es das Hotel **Crown Plaza** (Koulova 15, www.crowneplaza.cz, ❍❍).

Südöstlich schlängelt sich die Straße Dejvická durch das Quartier, dessen Bebauung auf dieser Seite des Kreisels weniger monumental wirkt und auch kleine Cafés und Bierstuben aufweist. Selten verirrt sich ein Tourist in die Nebengassen, daher konzentrieren sich Gastronomie und Geschäfte auf die hier ansässigen Kunden. Allerdings zieht eine Attraktion auch Besucher aus dem In- und Ausland nach Dejvice, und zwar ins **Theater Špejbl & Hurvínek ❸**. Die beiden Marionettenfiguren Vater Špejbl und Sohn Hurvínek sind weltberühmt. Seit Jahrzehnten geht die Theatertruppe auf Tournee durch die deutschsprachigen Länder (Dejvická 38, www.spejbl-hurvinek.cz).

Špejbl & Hurvínek

Beim Spaziergang durch die Dejvická-Straße fällt in Höhe der Kiewer Straße (Kyjevská) ein hohes Gebäude auf, dessen Form an ein Rathaus erinnert. Allerdings dient es als Sitz der **Tschechoslowakischen Hussitischen Kirche ❹**. Nach dem Ende des Ersten Weltkriegs gegründet, gehen die Wurzeln auf den Reformator Jan Hus zurück, der 1415 in Konstanz u. a. wegen seiner radikalen Haltung gegen den lukrativen Ablasshandel der Kirchen verbrannt wurde. Hauptkirche der Glaubensgemeinschaft ist die St.-Nikolaus-Kirche am Altstädter Ring (s. Tour 4). In diesem Gebäude hinter dem grünen Vorplatz befindet sich die Verwaltung (Wuchterlova 5). Von hier führt der Weg zur Metrostation Hradčanská, alternativ kann man weiter bis zum Königsgarten und zur Prager Burg wandern.

Touren im Anschluss: 17

V Sadech
Pelléova
Wolkerova
Sibiřské nám.
Bubenečská
ZUŠ
Wintra
Muchova
Štursova
Heineho
Rooseveltova
Raisova
Dr. Zikmunda
Jaselská
Bubenečská
Václavkova
Hradčanská A
Eliášova
Verdunská
U zeměpisného ústavu
Uralská
Čkalova
V. P. Čkalova
Charlese de Gaulla
Sukova
náměstí Svobody
Československé armády
Jilemnického
Národní obrany
Dejvická
Praha-Dejvice
Na Marně
Mongolská
Terronská
Theater Spejbl & Hurvínek
3
Kyjevská
Na hutích
Kulaťák
Verdunská
Národní obrany
Kafkova
Wuchterlova
Tschechoslovakische Hussitische Kirche
4
náměstí Interbrigády
N. A. Někrasova
Vítězné nám.
Svatovítská
Jugoslávských partyzánů
Velflíkova
ČVUT
Technische Universität
1
Nikoly Tesly
Evropská
Buzulucká
Dejvická A
Stavitelská
Banskobystrická
Šolínova
Technická
Studentská
Technische Nationalbibliothek
2
VŠCHT
ČVUT
Generála Píky
Dejvice
Zikova
Bechyňova
Fakulta stavební
Thákurova
Studentská
Velvarská
Koleiní
Salabova
UK
Thákurova
Gymnasijní
Pevnostní
Bozkova
Bílá
Na Kocínce
Kadeřávkovská
Seminární
Kolejní
N
0
200 m
1 cm = 120 m

mittel

Der Prager Norden – Holešovice und Letná

St. Antonius → Messepalast (Nationalgalerie) → Bio Oko → Sparta Prag → Innenministerium → Nat. Landwirtschaftsmuseum → Nat. Technikmuseum → Letná-Park

Der Prager Norden war zunächst industriell geprägt. Der östliche Teil von Holešovice wird durch Bahngleise vom größeren westlichen Bereich getrennt. Letzterer lädt zu Erkundungen des Prager Alltagslebens ein. Neben dem Stadion von Sparta Prag kann man drei große Museen besuchen, bevor man die Ruhe im Letná-Park genießt.

Start: **Vltavská (Ⓜ C)**
Ziel: **Vltavská (Ⓜ C)**
Wann: **bei jedem Wetter, Museen und Nationalgalerie am Mo geschl.**

Nördlich des Moldaubogens entstand im 19. Jh. der industrielle Vorort Holešovice, der rasch eingemeindet wurde. Inzwischen hat sich in dem Viertel zwischen Baumgarten, Bahngleisen und einem kleinen Hafen eine pulsierende Kunstszene etabliert. Die zentrale Ⓜ Vltavská ist nur drei Stopps vom Wenzelsplatz entfernt und liegt direkt an der Moldau, wie der Name nahelegt. Eine Straßenbahnhaltestelle weiter nach Osten lohnen die bunten Markthallen der **Holešovická tržnice** einen Stopp: Dort verkaufen Vietnamesen bunte Kleidung unter freiem Himmel und die angesagte Firma Alza moderne Unterhaltungselektronik in einer eigenen Halle. Ein neuer Stern am Nachtleben ist SaSaZu (s. Nightlife S. 147).

Der klassische Weg von der Vltavská Richtung Westen führt zunächst zum Strossmayer-Platz (Štrossmayerovo náměstí), den die neogotische Kirche **St. Antonius** ❶ mit ihren 63 m hohen Türmen prägt. Hier zeigt sich bereits das typische Stadtbild von Holešovice: bunte, in die Jahre gekommene Gründerzeithäuser und viele Geschäfte für den täglichen Bedarf. Auffallend ist die ungewohnte Vielzahl von Bäckereien und Konditoreien. Durch die Nebenstraßen geht es zum **Messepalast** ❷ (Veletržní palác), in dem die **Nationalgalerie moderne Kunst** des 20. und 21. Jahrhunderts ausstellt. Sehenswert ist allein schon die Fassade des Palasts, entstanden 1928 im Stil des Konstruktivismus (Dukelských hrdinů 47, www.ngprague.cz, tgl. außer Mo 10–18 Uhr).

Nationalgalerie moderne Kunst

Das kleine Quartierkino **Bio Oko** ❸ hat mit Biologie nichts zu tun, sondern erinnert an »Biograf«, den ursprünglichen tschechischen Begriff für Kino (Františka Křížka 15). Die Hauptstraße Milady Horákové reicht bis zum Letnaplatz (Letenské náměstí), von wo ein kleiner Spaziergang zum bekannten Fußballverein **Sparta Prag** ❹ führt. Sport ist in Tschechien namentlich mit Sponsoren verbunden, deshalb heißt das etwa 20 000 Zuschauer fassende Stadion aktuell Generali Arena (Milady Horákové 98).

Bei der Einfahrt in den Tunnel unter das Letná-Plateau erhebt sich der moderne Bau des **Innenministeriums** ❺ (Nad štolou 3), das im Gegensatz zum Außenministerium (s. Tour 19) nicht in einem Adelspalast untergebracht ist. Durch die Museumsgasse (Muzejní) gelangt man zu zwei weiteren großen Museen aus den späten 1930er-Jahren. Der westliche Bau beherbergt das

Nationale Landwirtschaftsmuseum ❻, dessen Hauptausstellung sich vor allem um Geräte, Maschinen und Technik in der Landwirtschaft dreht (Kostelní 44, www.nzm.cz, tgl. außer Mo 9–17 Uhr). Populärer ist das vor kurzem restaurierte **Nationale Technikmuseum ❼** mit einer beeindruckend großen Halle mit Oldtimer-Autos, Flugzeugen und anderen Verkehrsmitteln, außerdem zeigt es Objekte aus den Sparten Technologie und Design, Fotografie, Astronomie und Zeitmesser, populär ist es auch für seine interessanten Sonderausstellungen (Kostelní 42, www.ntm.cz, Di–Fr 9 bis 17.30, Sa/So 10–18 Uhr).

Hanauer Pavillon im Letná-Park

Vor den beiden Museen liegt der östliche Ausläufer vom **Letná-Park ❽** (Letenské sady). Das Naherholungsgebiet reicht bis zur Moldau und westlich bis zur Kleinseite. Im Park bummeln und spielen Familien mit ihren Kindern, auf den meist flachen Wege probieren sich Skateboarder aus. Zwei Restaurants laden zur Rast ein: das Letenský zámeček (s. Restaurants S. 135) und Hanauer Pavillon mit beheizter Außenterrasse und Aussicht, der zur Jubiläumsausstellung 1891 entstand und später seinen prominenten Platz auf der Letná erhielt (Letenské sady 173, www.hanavskypavilon.cz, ○○○). Gegenüber der Brücke Čechův most fällt ein großes **Metronom** auf, das die Dynamik der heutigen Zeit thematisiert. Über den Strossmayer-Platz geht es zurück zur Ⓜ Vltavská, alternativ entlang der Letná zur Ⓜ Malostranská.

Metronom

Královská obora Stromovka
Akademie výtvarných umění
Holešovice
Bubny
Bubenská
ZUŠ
Nationalgalerie
Veletržní palác (Messepalast)
2
Bio Oko 3
1 St. Antonius
Kult. dům
Obvodní úřad
Vltavská C
Stadión AC Sparta
4
Ministerstvo vnitra (Innenministerium)
5
Letná
6 Landwirtschaftsmuseum
7 Národní technické muzeum (Nationales Technikmuseum)
základní škola
8 Letná-Park
Letenský zámeček
Letenský tunel
Letenské sady
Metronom
Vltava (Moldau)
Ostrov Štvanice
nábřeží Kapitána Jaroše
nábřeží Edvarda Beneše
Hlávkův most
Dukelských hrdinů
Veletržní
Strojnická
Milady Horákové
Heřmanova
Janovského
Antonínská
Farského
Sochora
podplukovníka
Veverkova
Františka Křížka
Vinařská
Letohradská
Kamenická
Haškova
Umělecká
Gerstnerova
U akademie
U smaltovny
Šimáčkova
Schnirchova
Šternberkova
Na ovčínách
Kostelní
Skalecká
Muzejní
Nad Štolou
Dobrovského
Jirečkova
Ovenecká
Sochařská
Malířská
U studánky
Šmeralova
Keramická
Čechova
Sládkova
Havanská
Zajíce
Nad Královskou oborou
Korunovační
Jana Zajíce
Na výšinách
U letenské vodárny
U Sparty
U letenského sadu
N
0
200 m
1 cm = 120 m

kurz

Tour 23

Jagdschloss zwischen Zoo und Baumgarten

Zoo → Botanischer Garten → Schloss Troja → Baumgarten → Planetarium → Ausstellungsgelände

Troja liegt in Prag! Nördlich der Moldau liegen der Zoo und der neue Botanische Garten einander genau gegenüber. Das Jagdschloss Troja mit seinem prächtigen französischen Park entstand schon zu Barockzeiten. Südlich der Kaiserinsel beginnt bereits der große Baumgarten, der bis zum Ausstellungsgelände reicht.

Start: **Zoologická zahrada (Bus 112)**
Ziel: **Výstaviště Holešovice (Straßenbahn 17, 24 u.a.)**
Wann: **bei jedem Wetter, Botanischer Garten am Mo und Planetarium freitags geschlossen**

In den Prager Norden fährt man mit der Metrolinie C bis Nádraží Holešovice, von dort geht es weiter mit dem Bus 112 bis zur Station Zoologická zahrada. Der 1931 gegründete Prager **Zoo** ❶ gehört landschaftlich zu den schönsten Europas. Zu sehen sind rund 650 Tierarten mit über 4000 Tieren in den zwölf Pavillons. Auf keinen Fall versäumen: das Aussichtsplateau über dem Afrikagelände und der Pavillon Indonesischer Dschungel. Reizvoll ist auch eine Fahrt mit der Sesselbahn mit toller Aussicht auf die Tierwelt (U Trojského zámku 3, www.zoopraha.cz, April–Mai & Sept./Okt. tgl. 9–18, Juni–Aug. bis 19, März bis 17, Nov.–Febr. bis 16 Uhr).

Im Prager Zoo

Nördlich von der Hauptstraße durch Troja liegt der neue **Botanische Garten ❷**, der zweite in Prag neben dem älteren in der Neustadt (s. Tour 28). Sehenswert sind vor allem der japanische Garten, das tropische Glashaus Fata Morgana, auch die vielen unterschiedlichen Landschaftsbilder in dem weitläufigen, 25 Hektar großen Außengelände. Vom dazugehörigen Weinberg mit der Kapelle der Hl. Klara kann man die herrliche Aussicht über Prag genießen (Nádvorní 134, www.botanicka.cz, Mai–Sept. tgl. außer Mo 9–19, April bis 18, März und Okt. bis 17, Nov. bis Febr. bis 16 Uhr).

Schloss Troja

Das barocke **Schloss Troja ❸** (Zámek Troja) aus dem 17. Jh. und sein nach französischem Vorbild gestalteter Schlossgarten liegt malerisch am Fuß von Weinbergen. Heute dient es der städtischen Gemäldegalerie für interessante Wechselausstellungen (U Trojského zámku 1, April–Okt. tgl. außer Mo 10–18, Fr ab 13 Uhr). Ursprünglich wurde das Jagdschloss von der böhmischen Adelsfamilie Šternberk als Ausdruck für ihre Loyalität zur habsburgischen Herrschaft in den schwierigen Zeiten nach der Schlacht am Weißen Berg (1620) erbaut. Nach der Gründung der Tschechoslowakei 1918 verfiel die Anlage jedoch, erst in den Achtzigerjahren entschloss sich die Stadt zu einer umfassenden Rekonstruktion. Sehenswert sind die Fresken im imposanten Hauptsaal sowie die barocke Außentreppe.

Fresken im Großen Saal

Südlich des Schlossgartens folgt nach einem Moldauarm und der Kaiserinsel (Císařský ostrov) der **Baumgarten ❹** (Stromovka), die größte grüne Lunge in Zentrumsnähe. Das weitläufige Gebiet reicht bis zum Ausstellungsgelände in Holešovice. Entstanden bereits im 13. Jh., erinnert der ursprüngliche Name Königliches Wildgehege an die Jagdvorlieben der jeweiligen Herrscher. Seit dem 19. Jh. nutzen die Prager die etwa 95 ha große Grünfläche mit ihren kleinen Seen als Erholungsgebiet.

Am südlichen Rand kann man im Ausflugsrestaurant Vozovna Stromovka, ein umgebautes Straßenbahndepot, eine verdiente Pause einlegen (Královská obora 2, ❍❍). Von dort sind es nur ein paar Schritte bis zum weithin sichtbaren **Planetarium**. Sehr beliebt sind dort die Shows mit historischem oder astronomischem Hintergrund (Královská obora 233, www.planetarium.cz, Fr geschl.).

Östlich des Baumgartens schließt sich das **Ausstellungsgelände ❺** (Výstaviště) an, das 1891 zur Jahrhundertausstellung eröffnet wurde. In dem ursprünglich zweiflügeligen Industriepalast mit Jugendstilelementen finden seit der erneuten Jahrhundertausstellung 1991 viele Messen statt. 2008 brannte der linke Flügel aus, seither dient ein mobiles Zelt als Messehalle.

Křižík-Fontäne

Hinter dem Palast spielt die **Křižík-Fontäne** hübsche, von Musik untermalte Wasser- und Lichtchoreografien. Im **Lapidarium** zeigt das Nationalmuseum einige Originalstatuen von der Karlsbrücke und andere zu schützende Exponate. Auf dem Gelände befinden sich auch ein Schwimmbad, ein Musical-Theater und die **Tipsport Arena**, Heimstätte des Eishockeyklubs Sparta Praha.

Botanischer Garten
Bus 112
Zoologická zahrada Praha
Trojská
Muzeum vína a vinotéka
Trojský zámek (Schloss Troja)
zámecká zahrada
U Trojského zámku
Pod Havránkou
Povltavská
Sádky
Na Kazance
Troja
Pod Lisem
U Vltavy
Vodácká
Bubenečský tunel
Vltava (Moldau)
jezdecká hala Císařský ostrov
Císařský ostrov
plavební Kanál
Za Císařským mlýnem
Stromovka (Baumgarten)
Výstaviště (Ausstellungsgelände)
Maroldovo panorama
Průmyslový palác (Industriepalast)
Tipsport arena
Zatelektrárnou
U Výstaviště
Planetárium
17, 24 Výstaviště Holešovice
N
0
200 m

Tour 24

kurz

Karlín – vom Arbeiter- zum Wohnviertel

Museum der Hauptstadt Prag → Hotel Hilton → Negrelli-Viadukt → Danube House → Insel Štvanice → St. Kyrill und Methodius → Musiktheater Karlín

Entlang einer Moldauschleife liegt der einstige Vorort Karolinenthal, wie ihn der »rasende Reporter« Egon Erwin Kisch nannte. Nach der Jahrhundertflut von 2002 erlebte Karlín einen Boom und präsentiert sich heute voller lebendiger Gegensätze zwischen Arbeitern und Architekten sowie Designern und Darstellern.

Start: Florenc (Ⓜ B/C)
Ziel: Florenc (Ⓜ B/C)
Wann: bei jedem Wetter, Museum am Mo geschl.

Eher selten verirren sich Touristen in das **Museum der Hauptstadt Prag ❶** (Muzeum hlavního města Prahy), das Highlight in der östlichen Neustadt. Dabei hat das vor kurzem restaurierte Gebäude neben der Stadtautobahn mit dem »Langweil-Modell« eine interessante Kuriosität zu bieten: eine Miniaturdarstellung des alten Prag aus dem 18. Jh. Antonín Langweil arbeitete elf Jahre lang mit Papier und Pappe an dem Stadtmodell im Maßstab 1:480. Dabei entstanden drei der vier historischen Viertel Prags mit rund 2000 Mini-Gebäuden, lediglich die Neustadt konnte er nicht mehr angehen. Zu Lebzeiten blieb sein Werk kaum beachtet. Das Museum zeigt in einem 3D-Film einen multimedial simulier-

Modell von Prag

ten Flug über das Modell (Na Poříčí 52, www.muzeumprahy.cz, tgl. außer Mo 9–18 Uhr).

Hinter dem Museum erstreckt sich – zwischen Moldaubogen und dem Vítkov-Hügel – der Stadtteil Karlín, benannt nach der vierten Frau von Kaiser Franz I. Vor 100 Jahren schrieb Reporter Kisch regelmäßig über das lebendige Fabrik- und Arbeiterquartier. Nach der Jahrhundertflut von 2002, die in Karlín große Schäden anrichtete, entwickelte sich der einstige Industriestandort zu einem pulsierenden Viertel.

Nicht zu übersehen ist der monumentale Glaspalast des **Hilton Hotels** ❷ aus den späten 1980er-Jahren mit seiner beeindruckend riesigen Atrium-Hotelhalle (Pobřežní 1). Als die Flut von 2002 immer bedrohlicher anstieg, stand das Hotel vor der schwierigen Entscheidung, das Erdgeschoss freiwillig fluten zu lassen oder Gefahr zu laufen, dass das ganze Hotel durch die eindringenden Massen zerstört wird. Man entschied sich für die erste Lösung, die half dem Haus wohl sehr viel schneller wieder auf die Beine. Von der Cloud 9 Sky Bar & Lounge im Hilton (s. Nightlife S. 145) kann man abends die Aussicht auf die Moldau genießen.

Cloud 9 Sky Bar & Lounge im Hilton

Hinter dem Hilton verläuft der 1111 m lange **Negrelli-Viadukt** ❸, der optisch an ein Aquädukt aus römischen Zeiten erinnert. Die über 160 Jahre alte erste Eisenbahnbrücke Prags ist auch die längste in der Hauptstadt, sie ermöglichte die Bahnverbindung von Dresden nach Wien über die doppelte Moldauschleife. Lange Zeit galt dieser Bau von Bahnarchitekt Alois Negrellis als längste Brücke Europas.

Das spitz zulaufende **Danube House** ❹ am Moldauufer erinnert von vorn an einen mächtigen Atlantikkreuzer (Karolinská 1). In diesem modernen Geschäftshaus mit viel Glas wirkte Daniel Craig erstmals als James Bond in Film »Casino Royale«. Von hier lohnt sich ein Blick auf die benachbarte **Insel Štvanice** ❺, bekannt durch das 8000 Zuschauer fassende Tennisstadion, das bereits seit 1901 bespielt wird.

In Karlíns Hauptstraße Sokolovská reihen sich viele Lokale, Cafés und Restaurants aneinander, darunter das empfehlenswerte Krystal Bistro (s. Restaurants S. 134). Das Publikum ist gut durchmischt: Neben Fabrikarbeitern finden sich hier auch Banker und Künstler zum Feierabendbier ein. Nur am Wochenende wirkt Karlín fast wie ausgestorben. Der Rückweg durch die ruhigere Křižíkova führt zur neogotischen Kirche **St. Kyrill und Methodius** ❻. Sie wurde 1863 anlässlich des 1000-jährigen Jubiläums der beiden byzantinischen, auch Slawenapostel genannten Gelehrten und Schöpfer der kyrillischen Schrift eröffnet (Karlínské náměstí).

Musiktheater Karlín

Kurz hinter dem Negrelli-Viadukt befindet sich das **Musiktheater Karlín** ❼, ein klassisches Operetten- und Varietétheater von 1881. Seit der Wiedereröffnung 2006 widmet sich das Haus vor allem modernen Musicals. Mit dem »Carmen Muscial« erlebte Prag sogar eine Welturaufführung des amerikanischen Komponisten Frank Wildhorn (Křižíkova 10, www.hdk.cz).

Hinter dem Theater verkehrten Fernbusse vom Busbahnhof Praha-Florenc in alle Richtungen.

Touren im Anschluss: 25 (in Gegenrichtung)

Ostrov Štvanice
Malá Říčka
Český tenisový svaz
5 Insel Štvanice
Hlávkův most
Karlín
4 Danube House
Rohanské nábřeží
Rohanské nábřeží
Rohanské nábřeží
Hotel Hilton
2 Cloud 9 Sky Bar & Lounge
3 Negrelli-Viadukt
Pobřežní
Pobřežní
Pobřežní
Krystal Bistro
Sokolovská
Sokolovská
Sokolovská
Insel Štvanice
Křižíkova
Křižíkova
Křižíkova
Křižíkova
Šaldova
Šaldova
Březinova
Březinova
Urxova
Lyčkovo nám.
Karlínské nám.
Vítkova
Vítkova
Husův sbor G.A. Procházky
karlínská synagoga
6 St. Kyrill und Methodius
Thámova
Kollárova
Pernerova
Pernerova
Peckova
Jirsíkova
Prvního pluku
Prvního pluku
Ke Štvanici
Ke Štvanici
Wilsonova
Stárkova
Těšnov
Na Poříčí
Florenc B
Florenc C
Za Poříčskou bránou
1 Muzeum hl. m. Prahy
Städtisches Museum
7 Musiktheater Karlín
autobusové nádr. Praha, Florenc
Na Florenci
Trochovská
park Vrch Vítkov
Národní památník na Vítkově
Vítkov Nationaldenkmal
Muzeum odboje a armády ČR
N
0
200 m
1 cm = 120 m

Tour 25

mittel

Durch das pulsierende Žižkov

Fernsehturm → Akropolis → St. Adalbert → Viktoria Žižkov → Jaroslav-Hašek-Statue → Militärmuseum → Nationale Gedenkstätte

Das östliche Szeneviertel Žižkov entstand wie sein vornehmer Nachbar Vinohrady während der Industrialisierung im 19. Jh., nur haben sich hier im Gegensatz dazu vor allem Arbeiter angesiedelt. Die günstigeren Wohnungen hinter dem Fernsehturm zogen in den letzten Jahrzehnten jedoch buntes multikulturelles Leben an, die Kneipenlandschaft ist legendär.

Start: **Jiřího z Poděbrad (Ⓜ A)**
Ziel: **Florenc (Ⓜ B/C)**
Wann: **bei jedem Wetter, Museen am Mo bis Mi geschl.**

Der nach dem einstigen Heeresführer Jan Žižka genannte Stadtteil liegt östlich der Neustadt, also praktisch hinter dem Hauptbahnhof unterhalb des Vítkov-Hügels und damit zwischen den ebenfalls früheren Vorstädten Karlín (Karolinenthal) und Vinohrady (Weinberge). Durch Žižkov führen die Straßenbahnlinien 5 und 9 ab Hauptbahnhof, die angegebenen Metrostationen beschreiben die Eckpunkte mit den angrenzenden Vierteln.

Am Platz des Georg von Poděbrady (s. Tour 26) startet der Weg in das »wilde Žižkov«. Allmählich wandelt sich das Straßenbild. Die Gründerzeitfassaden wirken weniger prächtig, und die Decken niedriger als in Vinohrady. Schon von weitem ist der **Fernsehturm** ❶ zu sehen: Der 1992 fertig gestellte Tower löste den Aussichtsturm auf dem Laurenziberg in seiner Eigenschaft als Funkturm ab. Die zehn Riesenbabys (Miminka), die an dem 216 m hohen Turm hoch- bzw. hinunterklettern, schuf Bildhauer David Černý. Vom Observatorium und Restaurant/Café/Bar hat man einen einzigartigen 360°-Rundblick über Prag. Außerdem kann man eine unvergessliche Nacht im luxuriösen Ein-Zimmer-Hotel in 66 m Höhe verbringen (Tower Park Praha, Mahlerovy sady 1, www.towerpark.cz, tgl. 8–24 Uhr).

Fernsehturm

Einen großen Anteil am regen Nachtleben hat das multikulturelle Veranstaltungszentrum **Akropolis ❷** mit Art-déco-Fassade und eigenem Restaurant. Auf dem Programm stehen häufig Live-Konzerte, aber auch Filme und andere kulturelle Veranstaltungen (Kubelíkova 27, www.palacakropolis.cz).

Durch die von zahlreichen Lokalen gesäumte Gasse Bořivojova gelangt man rasch zur Hauptstraße Seifertova, benannt nach dem hier geborenen tschechischen Literatur-Nobelpreisträger Jaroslav Seifert. Die **St.-Adalbert-Kirche ❸** (Kostel sv. Prokopa), Ende des 19. Jh. erbaut, markiert den einzigen, aber wenig auffallenden Sakralbau in Žižkov. Weiter unten zieht das Stadion vom Erstliga-Verein **Viktoria Žižkov ❹** fußballbegeisterte Prager an. Der Club erinnert ein wenig an den Hamburger FC St. Pauli, im kultigen Stadion spielte Viktoria schon mehrfach um den früheren UEFA-Pokal.

Die Seifertova liegt noch im lebhaften höher gelegenen Teil des Quartiers, kurz hinter dem Stadion geht es dann rechts hinunter in den unteren Bereich zum Fuß des Vítkov-Hügels. Am Adalbertsplatz (Prokopovo náměstí) steht mit der **Jaroslav-**

Hašek-Statue ❺ das wohl ungewöhnlichste Denkmal der Stadt – abgesehen vom Trabbi auf vier Beinen hinter der Deutschen Botschaft – sie zeigt eine Büste des Dichters (1883–1923) auf einem Pferd mit integriertem Biertresen. Wen wundert's, weiß man doch, dass Jaroslav Hašek gern und häufig in die Kneipen der Umgebung einkehrte. Die unteren Quartiershauptstraße Husitská erinnert namentlich an die Hussiten: die Anhänger von Jan Hus kämpften ab 1419, und damit vier Jahre nach dessen Verbrennung in Konstanz, unter ihrem Anführer Jan Žižka in den Hussitenkriegen gegen die Katholiken. Am Fuße des Bergs dokumentiert das **Militärmuseum** ❻ (Armádní muzeum) die Geschichte der tschechischen und slowakischen Soldaten (U Památníku 2, Di–So 10–18 Uhr, Eintritt frei).

Jaroslav-Hašek-Statue

Auf dem Berg erhebt sich die weithin sichtbare Statue von Jan Žižka, mit einem Gewicht von 16,5 t gehört sie wohl zu schwersten Bronzestatuen der Welt. In der **Nationalen Gedenkstätte** ❼ (Národní památník na Vítkově), dem monumentalen Gebäude hinter der Statue, zeigt das Nationalmuseum im ehemaligen kommunistischen Mausoleum eine Dauerausstellung über die Kreuzwege des tschechischen Staates im 20. Jh. (U Památníku 1900, April–Okt. Mi–So 10–18, Nov.–März Do–So 10–18 Uhr). Von hier geht es zu Fuß bis zur Ⓜ Florenc in Karlín, oder man fährt die eine Station dorthin mit dem Bus.

Nationale Gedenkstätte

Touren im Anschluss: 24

Florenc C
Křižíkova
Muzeum hl. m. Prahy
Musiktheater Karlín
autobusové nádr. Praha-Florenc
Jirsíkova
Vítkova
Pernerova
park Vrch Vítkov
Vítkov Nationaldenkmal
Národní Muzeum
7
Národní památník na Vítkově (Nationale Gedenkstätte)
Trochovská
U Památníku
6
Muzeum odboje a armády ČR (Militärmuseum)
Tachovské nám.
Husitská
Husitská
Prokopovo nám.
5
Jaroslav-Hašek-Statue
Three Crowns Hotel
Příběnická
Řehořova
Řehořova
Orebitská
Kostnické nám.
Dalimilova
Husinecká
úřad
Štítného
Cimburkova
Štítného
Seifertova
Seifertova
Milíčova
Chlumova
nám. Winstona Churchilla
Dům odborov. svazů
Sladkovského nám.
4
Viktoria Žižkov
Krásova
St.-Adalbert-Kirche
3
Kostel sv. Prokopa
Italská
U Rajské zahrady
Sliwiecova
Vysoká škola ekonomická
Vlkova
Vlkova
Bořivojova
Bořivojova
Čajkovského
Rajská zahrada
Palác Akropolis
2
Kubelíkova
Bořivojova
Krásova
Ježkova
Kubelíkova
Vozová
TV vysílač Praha Žižkov
Italská
Riegrovy sady
Chopinova
Slavíkova
Křížkovského
Fernsehturm
1
Vyhlídkový pavilon Mlikárna Rozhledna
Na Švihance
Škroupovo náměstí
Fibichova
Mahlerovy sady
Velehradská
Vinohrady (Weinberge)
Krkonošská
Ondříčkova
Jagellonská
Sokol Královské Vinohrady
plavecký bazén
Laubova
Milešovská
Polská
Polská
Slavíkova
náměstí Jiřího z Poděbrad
Kostel Nejsvětějšího Srdce Páně
Blanická
Mánesova
Budečská
Třebízského
Mánesova
Bar and Books
Jiřího z Poděbrad A
N
Vinohradská
Vinohradská
0
200 m
1 cm = 120 m
sady Svatoplúka Čecha
Slezská
Slezská
Řipská

Tour 26

lang

Vinohrady – nobel wohnen in den Weinbergen

St. Ludmila → Theater auf den Weinbergen → Nationalhaus → Apotheke → Havlíček-Park → Weinberger Markthalle → Rieger-Park → Herz-Jesu-Kirche

Die Königlichen Weinberge als östliche Verlängerung des Wenzelsplatzes hinter dem Nationalmuseum waren bis zum 19. Jh. eine eigenständige Stadt. Heute präsentiert sich der Stadtteil Vinohrady rund um den Platz des Friedens als vornehme Wohngegend mit ausgezeichneter Gastronomie und einem eigenen Weinberg.

Start: **Muzeum (Ⓜ A/C)**
Ziel: **Jiřího z Poděbrad (Ⓜ A)**
Wann: **bei jedem Wetter**

Im Gegensatz zum benachbarten Arbeiterviertel Žižkov wohnten in Vinohrady seit jeher höhere Verwaltungsangestellte und Beamte, daher ist die Mehrheit der Gründerzeithäuser um 1900 sichtlich prächtiger gestaltet. Die Hauseigentümer selbst beanspruchten oft die luxuriöse zweite Etage für sich mit Balkon und hohen Decken. Moderne Gebäude sind eher selten.

Weinberg in Vinohrady

Nur eine Haltestelle nach dem Muzeum steigt man am Platz des Friedens (Náměstí Míru) an der gleichnamigen Metrostation aus. Der beeindruckende Platz markiert das Zentrum von Vinohrady und lädt zum Verweilen ein. Überragt wird er von der neogotischen **St.-Ludmila-Kirche ❶** (Kostel sv. Ludmily) mit ihren zwei rund 60 m hohen Türmen. In der Vorweihnachtszeit findet auf dem Platz der attraktivste unter den Prager Weihnachtsmärkten statt, der Einheimische wie Besucher anzieht.

Weinberg-Theater

Die Nordseite des Platzes nimmt das **Theater auf den Weinbergen ❷** (Divadlo na Vinohradech) ein. Das 1907 im feinsten Jugendstil gestaltete Haus ergänzt das kulturelle Angebot von Nationaltheater, Staatsoper & Co. überwiegend um Schauspielaufführungen (Náměstí Míru 7, www.divadlonavinohradech.com). Rechts vom Theater dient das **Nationalhaus ❸** (Národní dům) seit 1894 als kulturelles Zentrum des Quartiers – ähnlich wie das Kulturhaus in Smíchov und damit ebenfalls schon lange vor dem Prager Gemeindehaus in der Altstadt (Náměstí Míru 9). Vor allem die Jugend kennt das Gebäude, schließlich beherbergt es eine beliebte Tanzschule und veranstaltet große Tanzbälle. Hier tagte in den 1970er-Jahren die oppositionelle Bürgerrechtsbewegung, die sich in der so genannten »Charta 77« formiert hatte. Empfehlenswert ist das neu eröffnete Restaurant Vinohradský Parlament mit aufgefrischter altböhmischer Küche im rechten Teil des Gebäudes (s. Restaurants S. 137).

Die **Apotheke U svaté Ludmily ❹** an der Ecke Platz des Friedens und Belgische Straße arbeitet als eine der wenigen Prager Apotheken rund um die Uhr (Belgická 37).

Das auf dem Reißbrett entstandene Quartier im südlichen Teil Vinohradys gibt sich bei den Straßennamen ganz international – sie reichen von der Amerikanischen Straße bis zur

Zagrebgasse. Hinter der Kopernikusstraße folgt eine der großen Grünanlagen in Vinohrady und zugleich der letzte noch aktiv genutzte Weinberg: Der **Havlíček-Park** ❺ (Havlíčkovy sady) umfasst eine Anbaufläche von gut 1,5 ha. Der Park mitsamt der 1888 erbauten Villa Grébovka und dessen Aussichtsterrasse bietet den Anwohnern ein gern genutztes Erholungsgebiet, in dem jährlich auch ein Weinfestival stattfindet.

Zwischen der Slezská und der Vinohradská fällt die 1903 erbaute **Weinberger Markthalle** ❻ auf, die vor 20 Jahren unter dem Namen Pavilon als nobles Einkaufszentrum wieder in Betrieb gegangen ist (Vinohradská 50, So geschl.). Ein Durchgang lohnt sich vor allem wegen der Gebäudekonstruktion.

Mit dem **Rieger-Park** ❼ (Riegrovy sady) verfügt Vinohrady über eine zweite grüne Oase, die sich nördlich der Polnischen Straße (Polská) erstreckt und somit schon an Žižkov grenzt. Beliebt ist die Anlage im Sommer für ein zünftiges Picknick mit Bier und Wurst.

Herz-Jesu-Kirche

Zum Abschluss geht es durch die Mánesova mit ihren sorgfältig restaurierten Fassaden zum Platz des Georg von Poděbrady, der auf Tschechisch genau wie die Ⓜ Jiřího z Poděbrad heißt. Die Blicke zieht hier die ungewöhnlich gestaltete **Herz-Jesu-Kirche** ❽ (Kostel Nejsvětějšího srdce Páně) von 1932 auf sich. Ihr slowenischer Architekt Josip Plečník entwarf das moderne Gotteshaus mit dunklen Ziegelsteinen, weißem Abschluss und einem breiten, jedoch nur 42 m hohen Turm. Samstags findet hier ein Obst- und Gemüsemarkt statt.

Touren im Anschluss: 25

Muzeum A
Národní muzeum
Čestr
Vinohradská
Sokol Královské Vinohrady
plavecký bazén
7 Rieger-Park
Polská
Slavíkova
náměstí Jiřího z Poděbrad
Kostel Nejs. Srdce Páně
8 Herz-Jesu-Kirche
Jiřího z Poděbrad A
Mánesova
Bar and Books
Třebízského
Budečská
Weinberger Markthalle
6
sady Svatoplúka Čecha
Slezská
U Vodárny
Řipská
Interieur de l'Art
Korunní
2 Theater auf den Weinbergen
Divadlo na Vinohradech
3 Kulturhaus
Nár. dům na Vinohradech
Vinohradský Parlament
1 sv. Ludmila
Ludmila-Kirche
nám. Míru
Nám. Míru A
Hotel Anna
Vinohrady
(Weinberge)
Moravská
Chodská
Kladská
Dykova
Bezručovy Sady
Lužická
Šumavská
Sázavská
Hradešínská
Slovenská
Na Šafránce
Francouzská
Ruská
Schnirchova vila
Radost FX
Anglická
Italská
Římská
Ibsenova
Balbínova
Na Smetance
Letenské
Anny
Blanická
Rubešova
Škrétova
Bělehradská
Lon-
dýnská
Vocelova
Jugoslávská
Tylovo nám.
Lublaňská
Rumunská
4 Apotheke (24h offen)
Belgická
Americká
Uruguayská
Záhřebská
Jana Masaryka
Varšavská
Máchova
Na Kozačce
Rybalkova
Giardino
Bruselská
Londýnská
Koubkova
Tyršova
Wenzigova
Legerova
Čermákova
Šmilovského
U Havlíčkových Sadů
Koperníkova
Havlíček-Park
5
Voroněžská
Krymská
Kozácká
Donská
Sevastopolská
Charkovská
N
0
200 m
1 cm = 120 m

mittel

Der Karlsplatz und seine Umgebung

Karlsplatz → Tanzendes Haus → St. Kyrill und Methodius → Neustädter Rathaus → St. Stephan → Longin-Rotunde

Flächenmäßig übertrifft der Karlsplatz als größter der Stadt sogar den bekannteren Wenzelsplatz. Wo sich hier zwei wichtige Verkehrsadern kreuzen, pulsiert – weit entfernt von den Touristenströmen – das ganz normale Alltagsleben von Prag. In der Nähe steht mit dem »Tanzenden Haus« ein Musterbeispiel moderner Architektur.

Start: **Karlovo náměstí (Ⓜ B)**
Ziel: **I.P.Pavlova (Ⓜ C)**
Wann: **bei jedem Wetter, Rathaus und Gedenkstätte am Mo geschl.**

Der **Karlsplatz** ❶ ist mit 530 m Länge und 150 m Breite nicht nur der größte Platz der Stadt, er spielte auch eine zentrale Rolle in der städtebaulichen Vision von Karl IV. In der Mitte des Karlovo

Am Karlsplatz

náměstí stand einst die Fronleichnamskapelle, in der die Krönungskleinodien und die Reliquiensammlung des Kaisers jährlich ausgestellt wurden. Joseph II. ließ die Kapelle jedoch im 18. Jh. abreißen. Heute wälzen sich endlose Autoschlangen über die beiden Hauptverkehrsadern am Karlsplatz. Im völligen Kontrast dazu verbringen viele Prager ihre Mittagspause in der grünen Parkanlage in der Mitte des Platzes. Als wichtigster sakraler Bau am Karlsplatz gilt die barocke **Ignaz-**

Kirche (Kostel sv. Ignáce) an der Ječná 2. Sie gehörte zu einem Jesuitenkolleg, das heute als Poliklinik dient. Denkwürdig ist ferner das **Faust-Haus** am Südrand vom Karlsplatz (Nr. 40), in dem Chemiker wie der englische Alchimist Edward Kelly experimentierten und den Ruf nährten, Dr. Faustus hätte in diesem Haus um der Entdeckung naturwissenschaftlicher Geheimnisse willen seine Seele dem Teufel verschrieben. Heute dient das rosafarbene Faust-Haus als Apotheke des benachbarten Fakultätskrankenhauses. Zwischen dem Karlsplatz und dem Palacký-Platz an der Moldau lohnt sich eine Kaffeepause im hübschen Café Amandine (Na Moráni 17, www.cafeamandine.cz, ❍–❍❍) mit seinen erfrischenden Jugendstildetails.

Tanzendes Haus

An der Kreuzung am Jirásek-Platz (Jiráskovo náměstí) zieht das so genannte **Tanzende Haus** ❷ (Tančící dům) alle Blicke auf sich. Das das äußerst dynamische, futuristische Bauwerk haben die beiden international bekannten Architekten Frank O. Gehry und Vladimír Milunič für eine holländische Versicherungsgesellschaft geschaffen. Die beiden Hausteile schmiegen sich – wie das legendäre Tanzpaar Fred Astaire und Ginger Rogers – aneinander, daher wird das Haus häufig auch Ginger & Fred genannt. Die wie ein Wollknäul gestaltete Melone beherbergt das vornehme Gourmetrestaurant **Céleste** (Rašínovo nábřeží 80, www.celesterestaurant.cz, ❍❍❍). Das Nachbarhaus bewohnte jahrzehntelang der verstorbene Ex-Präsident Václav Havel.

Die viel befahrene Resslova führt auf dem Weg zum Karlsplatz an der Kirche **St. Kyrill und Methodius** ❸ vorbei. Das von

Barockarchitekt Kilian Ignaz Dientzenhofer geschaffene Gotteshaus gelangte 1942 zu trauriger Berühmtheit, als sich die Attentäter des stellvertretenden Reichsprotektor Reinhard Heydrich in der Krypta versteckten und nach der Verfolgung durch die Nazis Selbstmord begangen. Bis heute gedenken die Tschechen den jungen Fallschirmspringern für ihre mutige Tat, ein kleines Fensterchen an der Kirchenfront zur Straße hin ist stets mit frischen Blumen geschmückt (Resslova 9a, März–Okt. tgl. außer Mo 9–17 Uhr, Nov.–Febr. tgl. außer So/Mo).

Das **Neustädter Rathaus** ❹ (Novoměstská radnice) prägt die nördliche Seite des Karlsplatzes, vom begehbaren gotischen Turm genießt man den Ausblick auf den Platz (Nr. 23, April–Okt. tgl. außer Mo 10 bis 18 Uhr). Vier Jahre nach dem Verbrennungstod von Reformator Jan Hus in Konstanz löste der Erste Prager Fenstersturz am Rathaus anno 1419 die Hussitenkriege aus.

Neustädter Rathaus

In diesem touristisch weniger genutzten Teil der Neustadt reiht sich ein Gotteshaus an das andere. In der Štěpánská gründete Karl IV. die gotische Kirche **St. Stephan** ❺ als dreischiffige Basilika, die heute nach neogotischen Umbauten im 19. Jh. als Kirche der oberen Neustadt dient. Etwas dahinter steht mit der **Longin-Rotunde** ❻ eine selten beachtete runde Kirche aus dem 12. Jh., die zu Barockzeiten zu einem Lager umfunktioniert wurde. Nach der jüngsten Restaurierung dokumentiert das romanische Bauwerk gegenüber dem Longin Business Center einen Gegensatz von tausend Jahren Architektur.

Touren im Anschluss: 28

Nové Město
(Neustadt)
Neues Gebäude Nationalmuseum
Muzeum C
Muzeum A
Čestr
Národní muzeum (National-museum)
sv. Václav
Činoherní klub
Div. ABC
Amana
V jámě
Div. Kalich
Div. Komedie
Schwarzenberský palác
Nejsv. Trojice
sv. Michal
Novoměstská radnice (Neustädter Rathaus)
Slovanský ostrov
Žofín (Sophiensaal)
Mánes
sv. Vojtěch
Kostel svatého Cyrila a Metodějé (St. Kyrill und Methodius)
Longin-Rotunde
St. Stephan
Schnirchova vila
Radost FX
I. P. Pavlova C
Karlovo náměstí B
Karlsplatz
St. Ignatius-Kirche
Bürohaus „Tanzendes Haus“
sv. Václav
Café Amandine
St.-Katharinen-Kirche
Muzeum A. Dvořáka (Dvořák-Museum)
Faustův Dům (Fausthaus)
Univerzitní klinika
Kirche des Hl. Johannes v. Nepomuk auf dem Felsen
Klášter Na Slovanech (Emauzy) (Emmaus-kloster)
Botanická zahrada
Vltava
(Moldau)
Jiráskův most
Jiráskův nám.
Palackého most
Palackého nám.
Masarykovo nábřeží
Rašínovo nábřeží
Resslova
Ječná
Žitná
Mezibranská
Legerova
Sokolská
Rumunská
Jugoslávská
Bělehradská
Lazarská
Spálená
Myslíkova
Odborů
Na Zderaze
Na zbořenci
Gorazdova
Vyšehradská
Štěpánská
Na Rybníčku
Hálkova
Ke Karlovu
Kateřinská
Apolinářská
Benátská
N
0
200 m
1 cm = 120 m

Tour 28

kurz

Beim braven Soldaten Švejk

Zum Kelch → Dvořák-Museum → Geburtsklinik → Universität Albertov → Karlshof → Kirche Maria auf der Säule → Botanischer Garten → Kloster Emauzy

Die Neustadt hört nicht beim Wenzelsplatz und dem Nationaltheater auf. Der ruhigere, südliche Teil führt durch ein Universitätsviertel mit einem botanischem Garten, einigen Museen und Kirchen sowie der Bierstube Zum Kelch, bekannt aus den Abenteuern des braven Soldaten Švejk des tschechischen Schriftstellers Jaroslav Hašek.

Start: **I.P.Pavlova (Ⓜ C)**
Ziel: **Karlovo náměstí (Ⓜ B)**
Wann: **bei jedem Wetter, Museen am Mo geschl.**

Ein paar Schritte von der zentralen Ⓜ I.P.Pavlova entfernt, leuchtet von der Ferne bereits ein gelbes Schild mit der grünen Figur des braven Soldaten Schwejk. Nationaldichter Jaroslav Hašek (1883–1923) beschrieb in seinem Meisterwerk die Epoche des Ersten Weltkriegs mit tschechischem Humor. Das bekannte Zitat »Wir treffen uns nach dem Krieg um sechs im Kelch« bezieht sich auf die Bierstube **Zum Kelch** ❶ (U kalicha), die vor 100 Jahren eigentlich nur eine gewöhnliche Kneipe war (Na Bojišti 12, www.ukalicha.cz, ❍❍). Überwiegend Touristen entdecken im Interieur allerlei Erinnerungen an das Buch. Im Vergleich zur ebenfalls touristisch erschlosse-

Bierstube Zum Kelch

nen Bierstube U Fleku ist Zum Kelch aber eindeutig die bessere Wahl. Um die Ecke folgt in der Straße Ke Karlovu die »Villa Amerika« – das heutige **Dvořák-Museum** ❷ (Ke Karlovu 20, www.nm.cz, tgl. außer Mo 10–17 Uhr). Die 1720 von Kilian Ignaz Dientzenhofer errichtete Villa gilt für viele als einer der schönsten weltlichen Barockbauten des Landes. Das Nationalmuseum zeigt im 1932 eingerichteten Museum originale Exponate des berühmten Komponisten Antonín Dvořák (1841–1904).

Dvořák-Museum

Nach der gotischen **St.-Katharina-Kirche** und dem Areal der Neurologischen und der Psychiatrischen Klinik fällt die Prager **Geburtsklinik** ❸ in der Straße Apolinářská mit ihrer Fassade aus dunkelrotem Backstein auf. Da die Form ein wenig an englischen Tudorstil angelehnt ist, spielte das Gebäude als St. Marylebone Hospital im Film »From Hell« mit Johnny Depp eine Rolle.

Zurück in der Straße Ke Karlovu, dienen die meisten Gebäude aus dem ausgehenden 19. Jh. dem **Universitätsviertel Albertov** ❹. Auf der rechten Straßenseite siedelt die mathematisch-physische Fakultät der Karlsuniversität mit Bibliothek (Nr. 3). Die linke Seite wird von der Universitätsklinik mit ihrer großen Kuppel (Nr. 2) flankiert, die auch im Film »Der rote Baron« zu sehen war. Den Abschluss bildet der **Karlshof** ❺ mit der **Kirche Mariä Himmelfahrt und Karls des Großen**, die Karl IV. 1350 als Nachahmung der Grabkirche Karls des Großen in Aachen errichten ließ. Zwischenzeitlich barockisiert und als Siechenhaus für unheilbar Kranke genutzt, siedelt in der einstigen Klosteranlage heute das **Polizeimuseum**. Zu sehen sind historische Polizei-Exponate wie Spionage-Werkzeuge und alte Motorräder (Nr. 1, tgl. außer Mo 10–17 Uhr). Beim Spaziergang durch die abschüssige Horská-Gasse kommt die Burg Vyšehrad (s. Tour 29) auf der linken Seite in den Blick. Unten angekommen, erinnert die gotische Kirche **Maria auf der Säule** ❻ in ihrer Form an einen Bleistift. Ungewöhnlich ist vor allem die tragende Säule im Innenraum (Na Slupi). Die Kirche spielt – ebenso wie St. Katharina und Karlshof – eine wichtige Rolle im Fantasy-Roman »Die Rache der Baumeister« von Miloš Urban, der in diesem Viertel Albertov einige mittelalterliche Geheimnisse lüftet.

Der sich etwas später anschließende **Botanische Garten** ❼ gehört zur Karlsuniversität und ist mit 3,5 ha der kleinere der beiden Botanischen Gärten in Prag (s. Tour 23). Trotz der peripheren Lage finden pro Jahr etwa 100 000 Besucher ihren Weg in die Pflanzenlandschaft, die sich über ein lang gezogenes Areal erstreckt (Na Slupi 16, www.bz-uk.cz, April–Aug. tgl. 10 bis 19.30, Sept./Okt. bis 18, Nov.–Jan. bis 16, Febr./März bis 17 Uhr).

Eine ungewöhnliche Sehenswürdigkeit auf dem Weg zum Karlsplatz ist das 1347 gegründete **Kloster Emauzy** ❽, dem Karl IV. die Pflege der slawischen Liturgie zugedacht hatte. Von der Moldau aus fallen zunächst die beiden Türme der dreischiffigen **Marienkirche** in Form von zwei himmelwärts strebenden Betonflügeln auf. Zunächst nur als Provisorium für die 1945 zerstörten Kirchtürme gedacht, wurden sie zu einem Sinnbild für die Verbindung von Mittelalter und Moderne (Vyšehradská 49, April und Okt. Mo–Fr 11–17, Mai–Sept. Mo–Sa 11–17, Nov.–März Mo–Fr 11–14 Uhr).

Marienkirche im Kloster Emauzy

Touren im Anschluss: 10, 27

Jiráskův most
Jiráskův nám.
Resslova
sv. Václav
Bürohaus „Tanzendes Haus"
Karlovo náměstí B
Karlovo náměstí
(Karlsplatz)
Ječná
St. Ignatius-Kirche
Radost FX
I. P. Pavlova C
nám. I. P. Pavlova
Jugoslávská
Tylovo nám.
Lublaňská
Legerova
Rumunská
Sokolská
Na bojišti
Zum Kelch
Muzeum A. Dvořáka (Dvořák-Museum)
St.-Katharinen-Kirche
Kateřinská
Ke Karlovu
Melounova
Lipová
Salmovská
Gorazdova
Dittrichova
Václavská
Trojanova
Na Moráni
Palackého nám.
Palackého most
Rašínovo nábřeží
U nemocnice
Pod Větrovem
Faustův Dům (Fausthaus)
Univerzitní klinika
Kirche des Hl. Johannes v. Nepomuk auf dem Felsen
Vyšehradská
Slovany
Klášter Na Slovanech (Kloster Emauzy)
Na hrádku
Benátská
Botanická zahrada
Botanischer Garten
Vinična
Apolinářská
Geburtsklinik
sv. Apolinář
Nové Město (Neustadt)
Universität Albertov
Tyršova
Fügnerovo nám.
Koubkova
Wenzigova
Podskalská
Pod Slovany
Trojická
Mietshaus v. Chochol
Na Slupi
Okresn.
Plavecká
Na Výtoni
Na hrobci
Botičská
Univerzita
Studničkova
Albertov
B. Němcové
Polizeimuseum
Karlshof
Hlavova
Votočkova
Horská
Kirche Na Slupí
ČVUT
Svobodova
Vnislavova
park Folimanka
Nuselský most
Pod Karlovem
sportovní hala
Botel Admiral
Vltava (Moldau)
N
0
200 m
1 cm = 120 m

Tour 29

mittel

Vyšehrad – die zweite Burg in Prag

Kongresszentrum → Tábor- und Leopold-Tor → St.-Martins-Rotunde → Alte Burgvogtei → Bad der Libuše → St. Peter und Paul → Friedhof → Ziegeltor → Zollhaus Podskalí

Die Prager Burg ist jedem Reisenden ein Begriff, doch nicht jeder Tourist kennt die zweite Burg namens Vyšehrad. Die südlich der Neustadt gelegene Anlage war einst der sagenumwobene Sitz der böhmischen Fürsten. Die mächtige Barockfestung mit der St.-Martins-Rotunde und dem Ehrenfriedhof lädt zu einem Spaziergang ein.

Start: **Vyšehrad (Ⓜ C)**
Ziel: **Karlovo náměstí (Ⓜ B)**
Wann: **bei jedem Wetter, Zollhaus am Mo geschl.**

Viele Sagen ranken sich um den **Felsen Vyšehrad** (Hohe Burg), der sich direkt über der Moldau erhebt und einen herrlichen Blick auf die Stadt bietet. Historisch belegt sind erste Bebauungen bereits im 10. Jh., zwei Jahrhunderte später entfaltete sich mit dem Aufstieg der Přemysliden-Dynastie eine rege Bautätigkeit. Als der Herrschersitz später endgültig auf die Prager Burg verlegt wurde, erneuerte Karl IV. die Befestigungen und ließ den einstigen Palast umbauen. Die heutige Gestalt als barocke Festungsanlage erhielt der Komplex im 17. Jh. (V pevnosti 5b, www.praha-vysehrad.cz, April–Okt. tgl. 9.30–18, Nov.–März bis 17 Uhr).

Felsen Vyšehrad

Von der Metrostation aus führt der ausgeschilderte Weg am modernen **Kongresszentrum** ❶ vorbei, in dem einige internationale Gipfeltreffen stattfanden. Die Festung beginnt am **Tábor-Tor** ❷, nach dem Informationszentrum zweigt vom barocken **Leopold-Tor** ❸ ein Spazierweg auf die Außenmauern ab.

St.-Martins-Rotunde

Die **St.-Martins-Rotunde** ❹ aus dem 11. Jh. ist die älteste der vier Prager Rotunden. Diese runde Form kleiner Gotteshäuser war zu romanischen Zeiten eine böhmische Eigentümlichkeit, auch der Vorgänger des St.-Veits-Doms auf der Prager Burg entstand zunächst als Rundkirche.

Bei der St.-Martins-Rotunde steigt der Weg nach links etwas an und führt an einigen Bauten entlang zum südwestlichen Punkt der Anlage. Im Café Citadela in der **Alten Burgvogtei** ❺ kann man bei schönem Wetter mit Blick auf die grüne Burganlage kleine Häppchen draußen genießen. Wo noch heute die Überreste eines alten Wachturms in den Außenmauern zu sehen sind, befand sich einst das **Bad der Libuše** ❻. Der Sage nach blickte die Fürstin in Richtung der noch nicht existierenden Prager Burg und prophezeite in ihrer Vision, dass genau dort, wo ein Zimmermann die Schwelle seines Hauses zimmerte, später eine Burg entstehen würde, deren Ruhm zu den Sternen reichen werde. Das tschechische Wort für Schwelle, »prah«, erklärt wohl auch den Namen der Stadt Prag.

Die dominante Kirche **St. Peter und Paul** ❼ steht auf den Fundamenten einer romanischen Basilika, in deren Krypta die Přemysliden-Herrscher bestattet sind. Nach diversen Umbauten erhielt die Kirche 1903 ihre heutige neugotische Gestalt mit den beiden Türmen und auffallend schönen Türen. Gegenüber bietet Rio's Restaurant gute Weine im Ambiente einer alteingessenen Weinstube (Štulcova 2, www.riorestaurant.cz, ❍❍–❍❍❍).

Der **Friedhof** ❽ neben der Kirche wurde Ende des 19. Jhs. zu einer nationalen Gedenkstätte ausgestaltet. Hier liegen bedeutende tschechische Vertreter aus Kunst, Literatur und Wissenschaft begraben, darunter die beiden Komponisten Bedřich Smetana und Antonín Dvořák sowie die Schriftstellerin Božena Němcová, deren bekanntestes Werk »Die Großmutter« auch auf Deutsch vorliegt. Den Mittelpunkt der Anlage bildet die Ehrengruft Slavín. Hier ruhen u.a. der Jugendstilkünstler Alfons Mucha und die Opernsängerin Ema Destinová.

Ehrengruft Slavín

Nördlich führt das **Ziegeltor** ❾ aus der Anlage heraus. In den Außenmauern aus rotem Backstein befindet sich der Eingang in die Ziegelmatten, wo man auf historischen Spuren der alten Festungsanlage wandeln kann. Die Straße Vratislavova mit ihrem holprigen Kopfsteinpflaster ist ein würdiges Pendant zur Nerudova hinauf zur Prager Burg. Statt Massen von Touristen und Souvenirgeschäften begegnet man vor allem Einheimischen, die hier leben, und in den Lokalen hört man noch überwiegend Tschechisch.

An der Moldau angekommen, erinnert das **Zollhaus Podskalí** ❿ an die Geschichte der Flößer, die sich früher um den Warentransport auf der Moldau kümmerten (Rašínovo nábřeží 30, tgl. außer Mo 10–18 Uhr).

Touren im Anschluss: 10, 27

Karlovo náměstí B
Okresn.
Plavecká
Na Výtoni
Vyšehradská
Boťičská
Na hrobci
Zollhaus Podskalí
10
Svobodova
Na Slupi
Nové Město (Neustadt)
Univerzita
Studničkova
Albertov
Ke Karlovu
Universität Albertov
Polizei-museum
Karlshof
Horská
Hlavova
Votočkova
ČVUT
park Folimanka
sportovní hala
Vnislavova
Neklanova
Libušina
Vratislavova
Hořejší nábřeží
Strakonická
Stadión TJ Tatra Smíchov
Vltava (Moldau)
Podolské nábřeží
Vyšehrad (Wyschehrad)
Ziegeltor mit Kasematten
9
Cihelná brána
Friedhof
8
7
St.-Peter-und-Paul-Kirche
Slavín
V Pevnosti
K rotundě
4
St.-Martins-Rotunde
Soběslavova
Alte Burgvogtei
5
Bad der Libuse
6
Leopoldova brána (Leopold-Tor)
3
Lumír-ova
Krokova
Vyšehrad
2
Táborská brána (Tabor-Tor)
Na Pankráci
Na Bučance
1
Kongresové centr. Praha (Kongress-zentrum)
Vyšehrad C
Pankrácké nám.
5. května
Nuselský most
Sekaninova
Oldřichova
Neza-myslova
Spytihne-vova
Jaromírova
Slavojova
Čiklova
Císařská Louka
N
0
200 m
1 cm = 120 m

Tour 30

mittel

Smíchov – Einstein und die Straßenbahn

Anděl → Brauerei Staropramen → Einstein-Haus → Nationalhaus → St. Wenzel → Villa Portheimka → Švandovo-Theater → Justizpalast

Wo einst Adelsfamilien ihre Sommersitze im Westen der Stadt errichteten, produzierten später die Ringhoffer-Werke Straßenbahnen für ganz Osteuropa. Auch Albert Einstein wohnte in Smíchov, das sich heute mit Shoppingkomplex und Arbeiterwohnungen ziemlich gegensätzlich präsentiert.

Start: Anděl (Ⓜ B)
Ziel: Újezd (Straßenbahn 22 u.a.)
Wann: jederzeit tagsüber

Einkaufszentrum Nový Smíchov

Das Einkaufszentrum Nový Smíchov an der Ⓜ **Anděl** ❶ entstand zur Jahrtausendwende auf dem Gelände abgerissener Fabriken, und seither zieht es viele Shoppingfreaks aus dem Prager Westen an. Die Metrostation gestalteten russische Architekten 1985 unter dem Namen Moskevská (Moskauer Station). Sie ging am selben Tage in Betrieb wie die von tschechischen Ingenieuren geschaffene Pražskaya (Prager Station) in Moskau. Auch nach Umbenennung in Anděl erinnert das rötliche Innenleben an die legendäre Moskauer Metro. Rund um Anděl haben sich inzwischen viele Geschäfte,

Restaurants und zwei Kinos angesiedelt, einige Straßenbahnen verkehren von hier weiter ins Zentrum.

Die Bahnhofstraße (Nádražní) führt auf dem Weg zum Fernbahnhof Prag-Smíchov – am Busbahnhof Na Knížecí vorbei – zur großen Prager **Brauerei Staropramen ❷**, auf Deutsch »Alte Quelle«. Bereits 1869 gegründet, kommt sie heute als zweitgrößte tschechische Brauerei gleich nach Pilsner Urquell. Die Prager Bierstuben schenken meistens nur die Biere einer Brauerei aus, doch außer einer dieser beiden genannten findet man manchmal auch Markenzeichen von Budweiser und Krušovice in den Lokalen. Im Besucherzentrum in den alten Gemäuern präsentiert Staropramen die Bierherstellung mehrmals am Tag in verschiedenen Sprachen (Pivovarská 9, www.staropramen.cz, tgl. 10–18 Uhr).

Staropramen

Kein geringerer als Albert Einstein bezog 1911 als einer der ersten ein schmuckes Mehrfamilienhaus in Smíchov in der Waldgasse 7 (Lesnická), blieb jedoch nur ein gutes Jahr im **Einstein-Haus ❸**. Eine Gedenktafel erinnert an den genialen Erfinder, der während seines Lehrauftrags als Professor an der Universität rege am literarischen Gesellschaftsleben der Stadt teilnahm.

Das **Nationalhaus ❹** (Národní Dům Na Smíchově) stammt von 1906, als Smíchov noch nicht eingemeindet war, und damit einige Jahre vor dem Prager Gemeindehaus. Die Säle des beeindruckenden Gebäudes dienen verschiedenen Zwecken, beliebt ist der Rockclub Futurum (Náměstí 14. října 16,

Festsaal im Nationalhaus

www.nds.cz). Aus dieser Zeit stammt auch die flache Markthalle im selben Block hinter dem Nationalhaus, heute beherbergt sie lediglich einen Supermarkt. Eine kulinarische Pause kann man anschließend im Smíchover Rathauskeller einlegen (Smichovský radniční sklípek, s. Restaurants S. 137).

Den nachfolgenden Park am Platz des 14. Oktober überragt die **St.-Wenzels-Kirche ❺**, eine dreischiffige Neorenaissance-Basilika von 1885. Auffallend und in Prag eher selten zu finden ist die Fassade aus roten Ziegelsteinen (Náměstí 14. října).

Die vornehme **Villa Portheimka ❻** schräg gegenüber der Kirche gestaltete Barockarchitekt Kilian Ignaz Dientzenhofer für seine Familie, später wechselte die Villa in den Besitz einiger Adelsfamilien. Heute zieht ein nettes kleines Café die Spaziergänger an (Štefánikova 12).

Die Štefánikova führt als heimliche Hauptstraße durch Smíchov von Anděl bis zum Újezd (s. Tour 20) und weiter zum Kleinseitner Ring. Das **Švandovo-Theater ❼** (Švandovo divadlo), mit einer auffallend rotgelben Fassade und etwa 300 Plätzen, zeigt überwiegend Schauspiel in modernen Aufführungsformen, häufig mit englischen Übertiteln (Štefánikova 57, www.svandovodivadlo.cz).

Am Kinský-Platz steht der markante **Justizpalast ❽** (Justiční palác), erbaut im ausgehenden 19. Jh. als Kasernenanlage. Die Fontäne vor dem Gebäude entstand 2003, früher erinnerte an dieser Stelle ein Panzer an die siegreiche rote Armee (Náměstí Kinských 5). Der Kinský-Park auf der linken Straßenseite geht nördlich in den Laurenziberg über. Vom Justizpalast aus führt die Straße Újezd bis zur gleichnamigen Straßenbahnhaltestelle.

Touren im Anschluss: 9 (in Gegenrichtung) und 20

Petřínské sady
K.H. Mácha
Újezd
Říční
Újezd
Říční
Střelecký ostrov
Café Slavia
most Legií
Vítězná
Seřikova
Café Savoy
Národní divadlo (Nationaltheater)
Hladová zeď (Hungermauer)
Plaská
Zborovská
Mělnická
Újezd
Janáčkovo nábřeží
Kinského zahrada
Petřínska
náměstí Kinských
Justiční palác (Justizpalast)
8
Žofín (Sophiensaal)
Vodní
Slovanský ostrov
Holečkova
Štefánikova
Dětský ostrov
Švandovo-Theater
7
Kroftova
El. Peškové
Malátova
Mánes
Drtinova
Zubatého
Pavla Švandy ze Semčic
Holečkova
Arbesovo nám.
Zborovská
Kořenského
Nábřežní
Malostranská vod. věž
býv. klášter Sacré Coer
Viktora Huga
Preslova
Jiráskův most
V botanice
Matoušova
4 Nationalhaus
Villa Portheimka
6
Futurum
Einstein-Haus
3
Lesnická
Zborovská
Janáčkovo nábřeží
Nábřežní
5
náměstí 14. října
Štefánikova
St.-Wenzels-Kirche
Pecháčkova
Kartouzská
Smíchovský radniční sklípek
Palackého most
Smíchov
Lidická
1
Lidická
Staropramenná
Na Bělidle
Hořejší nábřeží
Anděl B
Plzeňská
Na Bělidle
Svornosti
Na Celné
Vltava (Moldau)
Radlická
Stroupežnického
Nádražní
Vrázova
Botel Admiral
Kováků
Jindřicha Plachty
Karla Engliše
Bozděchova
Vltavská
Na Zatlance
Ostrovského
2
Brauerei Staropramen
Svornosti
Hořejší nábřeží
N
Za Ženskými domovy
0
200 m
Pivovarská
1 cm = 120 m

Prag bietet ein großes Spektrum an Unterkünften, von preisgünstigen Hostels und einfachen Häusern außerhalb des Zentrums bis zum Luxushotel in der City. In den letzten Jahren öffneten einige hübsche Design- und Boutiquehotels ihre Pforten, außerdem besinnt sich die Hotellerie wieder auf ihre historischen Gebäude. Trotz guter Erreichbarkeit mit öffentlichen Verkehrsmitteln sollte man im Zentrum oder den direkt angrenzenden Vierteln wie Vinohrady übernachten, um das Flair der Stadt zu erleben.

Anna (Vinohrady, Tour 26, Seite 111)
Budečská 17, Tel. 222 513 111, www.hotelanna.cz, ❍❍
Das Residenzviertel Vinohrady (»Weinberge«) hinter dem Nationalmuseum entstand in seiner heutigen Form Ende des 19. Jhs. Entsprechend dominieren Stadthäuser in Neorenaissance- und Jugendstil in den Straßen. Das Mittelklassehotel Anna liegt in

einer ruhigen Nebengasse der Vinohradská und verfügt über komfortable Zimmer.

Aria (Kleinseite, Tour 15, Seite 65)
Tržiště 9, Malá Strana, Tel. 225 334 111,
www.ariahotel.net, ❍❍❍

Das sympathische Hotel Aria widmet sich dem musikalischen Prag mit allerlei Exponaten. Sehenswert ist die Aussicht von der hoteleigenen Terrasse auf die umliegenden Palastgärten bis zur Karlsbrücke.

Carlo IV (Neustadt, Tour 2, Seite 14 und Tour 8, Seite 39)
Senovážné náměstí 13, Nové Město, Tel. 224 593 111,
prague.boscolohotels.com, ❍❍❍

Im einstigen Palais der »Hypothekenbank des böhmischen Königreiches« richtete die italienische Boscolo-Kette ein elegantes Luxushotel ein. Beeindruckend ist vor allem die gigantische Eingangshalle.

Fusion (Neustadt, Tour 1, Seite 10)
Panská 9, Nové Město, Tel. 226 222 800,
www.fusionhotels.com, ❍❍

Pfiffiges neues Designhotel von cleveren Architekten für den schmalen Geldbeutel gebaut, gleich um die Ecke vom Wenzelsplatz. Für jeden Geschmack findet sich ein passendes unter den verschieden gestalteten Zimmern. Krönung: das größte Bett in Mitteleuropa für sechs Personen.

Klarov **(Kleinseite, Tour 16, Seite 71)**
U Železné lávky 12, Malá Strana, Tel. 257 535 555,
www.hotelklarov.cz, ❍❍

Gegenüber der Ⓜ Malostranská auf der Kleinseite steht eine Reihe alter Wohnhäuser aus dem 19. Jh. mit toller Aussicht auf die Prager Burg. Eines davon ist vor Kurzem in ein familiäres Boutiquehotel mit farbenfreudigen Zimmern und Panoramablick umgewandelt worden.

Mango Hostel **(Kleinseite, Tour 11, Seite 51)**
Míšeňská 8, Malá Strana, Tel. 776 238 563,
www.hostelmango.com, ❍

Versteckt gelegenes Hostel mit modernen Mehrbettzimmern (4–10 Betten) in einem historischen Haus, nur ein paar Schritte von der Karlsbrücke entfernt.

Paříž **(Altstadt, Tour 9, Seite 41)**
U Obecního domu 1, Staré Město, Tel. 222 195 195,
www.hotel-pariz.cz, ❍❍❍

Das prächtige Jugendstilhotel mit seinem charakteristischen dreieckigen Grundriss und dem hervorragenden Restaurant Sarah Bernhardt gilt seit 1984 als nationales Kunstdenkmal. Das hauseigene Café de Paris besuchen gern die Einheimischen für eine ruhige Pause am Platz der Republik.

Three Crowns Hotel (Žižkov, Tour 25, Seite 107)
Cimburkova 28, Tel. 222 781 112, www.3korunky.cz, ❍–❍❍
Im unteren Teil des Arbeiterviertels Žižkov liegt das Hotel Drei Kronen abseits des Zentrums und ist doch mit dem Bus gut erreichbar. Hinter historischer Fassade präsentiert sich das Haus mit modernem Eingangsbereich und zeitlos gestalteten Zimmern sowie ruhigem Innenhof.

U raka (Burgviertel, Tour 19, Seite 82)
Černínská 10, Hradčany, Tel. 220 511 100,
www.romantikhotel-uraka.cz, ❍❍
Die malerische Gasse Neue Welt endet beim Romantikhotel Zum Krebs, einem Holzhaus aus dem 18. Jh. mit Schieferdach, einem hübschen Garten und gemütlichem Café. Die sechs Zimmer strahlen eine Ruhe aus wie fernab einer Großstadt. Eine der Perlen in Prag, die man nach einem längeren Spaziergang im Burgviertel wenigstens auf eine Tasse Kaffee besuchen sollte.

U Zlaté studně (Kleinseite, Tour 15, Seite 66)
U Zlaté studně 4, Malá Strana, Tel. 257 011 213,
www.goldenwell.cz, ❍❍❍
In einer unauffälligen Sackgasse nahe dem Waldsteinpalast liegt das romantische Hotel Zum goldenen Brunnen in einem Renaissancehaus, das einst Kaiser Rudolf II. gehörte. Es bietet stilvoll eingerichtete Zimmern und ein beliebtes Restaurant.

Schon immer konnte man in Prag gut essen, auch wenn sich dies früher eher auf die schwere böhmische Küche bezog. Die typischen Gerichte Gulasch mit Semmelknödeln, Schweinebraten mit Kraut sowie Lendenbraten in Rahmsoße bilden nach wie vor die Basis der einheimischen Küche. In den letzten zwei Jahrzehnten mischten Lokale mit internationaler und auch leichter Küche die Gastronomieszene ordentlich auf. Vorsicht aber vor überteuerten touristischen Angeboten am Altstädter Ring oder Wenzelsplatz. Zum Glück stellen zunehmend mehr Restaurants wieder ihre einheimischen Gäste in den Mittelpunkt und punkten nunmehr mit ordentlicher Qualität der Speisen und im Service sowie auch immer häufiger mit kreativen Ideen. Die gastronomische Vielfalt Prags reicht von Bierstuben über klassische Kaffeehäuser bis zu noblen Palästen zum exklusiven Dinieren.

Čestr **(Neustadt, Tour 2, Seite 14)**
Legerova 75, Nové Město, Tel. 222 727 851, www.ambi.cz, Mo–Fr 11.30–23, Sa 12–23, So 12–22 Uhr, ❍❍

Täglich wechselnde Gerichte vom hierzulande typisch braun gefleckten Rind sind Thema im beliebten Steakrestaurant der erfolgreichen Ambiente-Kette. Anhand einer großen Anatomie-Tafel kann man den Körperbereich auswählen, von dem das Steak kommen soll.

Giardino **(Vinohrady, Tour 26, Seite 111)**
Záhřebská 24, Tel. 222 513 427, www.restgiardino.cz, tgl. 11–23 Uhr, ❍❍

Im wohnlichen Ambiente mit frühlingsfrischen Grüntönen fühlt man sich als Gast bei diesem vorzüglichen Italiener gleich wohl. Das Restaurant liegt in einer Nebenstraße im Residenzviertel Vinohrady. Die Qual der Wahl in der »enoteca con cucina« bezieht sich auf zwei Dutzend Teigwaren und erlesene Weine.

Katr **(Altstadt, Tour 8, Seite 37)**
Vězeňská 9, Staré Město, Tel. 222 315 148, www.katrrestaurant.cz, Mo–Fr 8–23, Sa/So 10–23 Uhr, ❍❍

Der Name täuscht und ist doch Programm: Katr bedeutet Gefängnis und entsprechende Sujets sind auch im ansonsten frischen Interieur des böhmischen Restaurants zu finden. Pfiffig sind die separaten Grills an vielen Tischen mit eigener Abzugshaube.

Kobe (Altstadt, Tour 10, Seite 47)
Ovocný trh 12, Staré Město, Tel. 222 316 326, www.koberestaurant.cz, tgl. 11–22 Uhr, ❍❍❍

Steakfans haben bestimmt von den Wagyū-Rindern in Japan gehört, deren zartes Steak-Fleisch davon kommt, dass sie mit Bier ernährt und massiert werden. Im Kobe gibt es neben den besten Prager Steaks auch leckere Sushi-Gerichte.

Kočár z Vídně (Kleinseite, Tour 11, Seite 49)
Saská 3, Malá Strana, Tel. 777 043 793, www.kocarzvidne.cz, So–Do 11–22, Fr/Sa 11–23 Uhr, ❍❍

In einem kleinen Hof neben der Karlsbrücke auf der Kleinseite steht die Kutsche aus Wien und signalisiert feine österreichische Küche. Unter der Büste von Franz Joseph I. gibt es Tafelspitz, Fiakergulasch und ein sehr gutes Wiener Schnitzel in behaglichem Ambiente.

Krystal Bistro (Karlín, Tour 24, Seite 102)
Sokolovská 99, Karlín, Tel. 222 318 152, www.krystal-bistro.cz, Mo–Fr 8–23, Sa/So 12–23 Uhr, ❍–❍❍

Das sympathische Restaurant im modernen Bistrostil bietet schmackhafte Küche mit französischem Einfluss aus frischen Zutaten zu fairen Preisen in der Hauptstraße durch das östliche Viertel Karlín. Es sticht qualitativ aus der Reihe der vielen Restaurants in der Sokolovská hervor.

Kulaťák (Dejvice, Tour 21, Seite 88)
Vítězné náměstí 12, Dejvice, Tel. 773 973 037, www.kulatak.cz, tgl. 11–24 Uhr, ❍–❍❍

Das stilvolle Lokal im Stadtteil Dejvice gehört zur Franchising-Kette Pilsner-Urquell-Original-Restaurant, die auf böhmische Gerichte zu gut gezapftem Bier und sauberes Interieur setzt.

Les Moules (Josefov, Tour 4, Seite 21)
Pařížská 19, Josefov, Tel. 222 315 022, www.lesmoules.cz, tgl. 11.30–24 Uhr, ❍❍–❍❍❍

Muscheln und gute Fleischgerichte bilden den Schwerpunkt dieses belgischen Ecklokals an der Pariser Straße. Als Beilage lohnen sich ungewöhnlich leckere flache Pommes Frites. Durch den Dschungel belgischer Biere führt ein spezieller Sommelier.

Letenský zámeček (Holešovice, Tour 22, Seite 94)
Letenské sady 341, Holešovice, Tel. 233 378 208, www.letenskyzamecek.cz, tgl. 11–23 Uhr, ❍❍

Seit 150 Jahren steht das Sommerschlösschen mit langer gastronomischer Tradition, ob für Familienfeiern oder zu einem romantischen Dinner. Vier Restaurants bieten Auswahl, beliebt sind die mediterrane Brasserie Ullmann und das Gartenrestaurant.

Lví dvůr (Burgviertel, Tour 17, Seite 45)
U Prašného mostu 6, Hradčany, Tel. 224 372 361, www.lvidvur.cz, tgl. 11–23 Uhr, ❍❍❍

In diesem vornehmen Restaurant beim Seiteneingang zur Burg speist auch der Präsident gelegentlich mit seinen Gästen. Empfehlung: Spanferkel nach einem Originalrezept aus dem 16. Jh. aus der Zeit von Kaiser Rudolf II.

Pálffy Palác **(Kleinseite, Tour 15, Seite 66)**
Valdštejnská 14, Malá Strana, Tel. 257 530 522,
www.palffy.cz, tgl. 11–23 Uhr, ○○–○○○

Im äußerlich unscheinbaren Palais der Adelsfamilie Pálffy versteckt sich ein stilvolles barockes Restaurant. Von der üppig begrünten Terrasse hat man eine wunderbare Aussicht auf die Burggärten. Die Zutaten für die international ausgerichtete Küche kommen aus der hauseigenen Farm.

Restaurant Rainer Maria Rilke **(Altstadt, Tour 7, Seite 33)**
Karoliny Světlé 25, Staré Město, Tel. 222 221 414,
www.rmrilke.cz, tgl. 11–23 Uhr, ○○–○○○
Das romantische Restaurant in einer Altstadtgasse parallel zur Moldau erinnert an den Dichter, der zu Prager Zeiten noch René Rilke hieß. In der holzgeschnitzten Weinstube werden leckere internationale Gerichte und tschechische Spezialitäten serviert.

Smíchovský radniční sklípek **(Smíchov, Tour 30, Seite 126)**
Preslova 4, Smíchov, Tel. 257 000 319,
www.smichovskysklipek.cz, Mo–Fr 10–23.30,
Sa 11–23.30, So 11–23 Uhr, ○–○○

Im rustikalen Rathauskeller von Prag 5 dominieren rotbraune Farbtöne, die Wände zieren gemalte Landschaftsszenen, und von der Decke hängen allerlei Geräte. Die Speisekarte bietet vor allem typisch böhmische Gerichte.

U Pinkasů (Neustadt, Tour 1, Seite 11)
Jungmannovo náměstí 15, Nové Město, Tel. 221 111 150, www.upinkasu.cz, tgl. 10–3 Uhr, ❍–❍❍

In dieser typischen Bierstube wurde anno 1852 das Pilsner Urquell erstmals außerhalb von Pilsen ausgeschenkt, und so hat der inzwischen weltberühmte Gerstensaft von Prag aus seinen Siegeszug angetreten. Trotz umfangreicher Renovierung noch immer bezahlbar.

Vinohradský Parlament (Vinohrady, Tour 26, Seite 109)
Korunní 1, Vinohrady, Tel. 224 250 403, www.vinohradskyparlament.cz, Mo–Mi 10.45–24, Do/Fr 10.45–1, Sa 11.30–1, So 11.30–23.30, ❍–❍❍

Das neue Konzeptrestaurant der Brauerei Staropramen im Weinberger Kulturhaus ist als moderne Interpretation einer böhmischen Bierstube konzipiert. Das Retro-Design erinnert an die 1950er-Jahre. Die Küche setzt ebenfalls auf zeitgemäße tschechische Gerichte, dazu gibt es gutes Bier, natürlich Staropramen.

Auch wenn Prag weltweit nicht gerade als Einkaufsmetropole bekannt ist wie etwa Paris oder Mailand, lohnt sich das Bummeln in den zumeist täglich geöffneten Geschäften auf jeden Fall. Internationale Designer bestimmen das Bild der mondänen Pariser Straße, im vollständig restaurierten Ungelt-Hof gibt es moderne tschechische Kunst zu kaufen, und zwischen Altstädter und Kleinseitner Ring liegt das Zentrum der Glas-, Granat- und Spielzeughändler, wo sich Modernes und Altertümliches findet. Nicht minder interessant sind die Einkaufspassagen der Neustadt.

Amana (Neustadt, Tour 7, Seite 35)
Školská 38, Nové Město, Tel. 222 230 248, www.caj.cz, Mo–Sa 9–20, So 15–20 Uhr
Eines der besten Teegeschäfte liegt an einer unscheinbaren Straßenecke in der Neustadt. Ideal für Teefreunde und zum Mitbringen: Die vielen losen Teesorten aus der ganzen Welt werden hier gleich eingeschweißt verpackt. Wer unsicher ist, kann die Sorten erst einmal ausprobieren.

Artěl (Altstadt, Tour 3, Seite 19)
Celetná 29, Eingang Rybná, Staré Město, Tel. 224 815 085, www.artelglass.com, tgl. 10–19 Uhr
Wer nach einem edlen Mitbringsel für die Lieben zu Hause sucht, wird hier fündig: Zu kaufen gibt es kunstvolle Kreationen aus Glas der Traditionsmarke Artěl, schöner Modeschmuck, Retro-Spielzeug und originelle Geschenke.

au Gourmand (Altstadt, Tour 4, Seite 23)
Dlouhá 10, Staré Město, Tel. 222 329 060, www.augourmand.cz, Mo–Fr 8–19, Sa 8.30–19, So 9–19 Uhr
Französische Boulangerie und Patisserie gleich um die Ecke vom Altstädter Ring mit verlockenden Konditoreiwaren im großen Schaufenster. Man kann die Leckereien auch gleich im eigenen Café verzehren. Weitere Filialen gibt es im Palladium und in der Rytířská 22 in der Altstadt.

Beata Rajská **(Altstadt, Tour 4, Seite 23)**
Dlouhá 3, Staré Město, Tel. 222 314 174,
www.beatarajska.cz, Mo–Fr 10–19, Sa 11–17 Uhr
Raffiniert-elegante Designermode für Frauen einer breiten Altersgruppe aus ausgewählten Stoffen von der preisgekrönten Ausstatterin der einstigen Miss Tschechien.

Futurista Universum **(Altstadt, Tour 10, Seite 47)**
Betlémské náměstí 5a, Staré Město, Tel. 725 128 660,
www.futurista.cz, tgl. 11–19 Uhr
Rechts der Bethlehemskirche dreht sich alles um Architektur und Design, sowohl in der Ausstellung Galerie Jaroslava Fragnera als auch in diesem Geschäft mit Büchern, Plakaten und modernem Kunsthandwerk.

Galerie Jakubská **(Altstadt, Tour 10, Seite 45)**
Jakubská 4, Staré Město, Tel. 224 827 926,
www.galeriejakubska.cz, tgl. 10–20 Uhr

Zeitgenössische Gemälde mit Prag-Motiven im impressionistischen Stil sind das Aushängeschild dieser kleinen Verkaufsgalerie in der Altstadt. Im Angebot sind auch Drucke und Bronzeskulpturen.

Interieur de l'Art **(Vinohrady, Tour 26, Seite 111)**
Korunni 101, Vinohrady, Tel. 732 500 539,
www.interierdelart.cz, Mo–Fr 8–19, Sa 10–16 Uhr

Das französisch inspirierte Einrichtungsgeschäft im Residenzviertel Vinohrady verkauft dekorative Wohn- und Küchenmöbel sowie praktisches Zubehör, angeschlossen ist ein gemütliches Café.

Julius Meinl (Altstadt, Tour 1, Seite 11)
28. října 13, Staré Město, Tel. 225 996 101, www.meinlpraha.cz, Laden: Mo–Fr 8–21, Sa 9–20, So 10 bis 19 Uhr, Restaurant: Mo–Sa 9–23, So 10–23 Uhr
Der österreichische Delikatessenspezialist hat im Winter 2013 am unteren Ende des Wenzelsplatzes ein dreistöckiges Lebensmittelgeschäft und Restaurant für Feinschmecker eröffnet.

Masna na Kozím plácku (Altstadt, Tour 11, Seite 51)
Kozí 9, Staré Město, Tel. 255 795 404, Mo–Fr 8–20, Sa 9–15 Uhr
Diese reichhaltige Metzgerei Am Ziegenplatz macht nicht nur Appetit, sie ist auch sehenswert. Die Fleisch- und Wurstprodukte sind hier qualitativ sehr viel besser als in den Wohngebieten außerhalb des Zentrums.

Moser (Neustadt, Tour 1, Seite 10)
Na Příkopě 12, Nové Město, Tel. 224 211 293, www.moser-glass.com, tgl. 10–20 Uhr
Das schönste Prager Glasgeschäft in der Grabenstraße

Shopping

führt Kristallglas ohne Bleizusatz. Die erlesenen Glasschöpfungen werden sogar in Königshäusern verwendet. Moser führt auch feines Porzellan, z.B. vom ungarischen Hersteller Herend. Hochwertiges hat natürlich seinen Preis!

Palác knih Luxor (Neustadt, Tour 1, Seite 11)
Václavské náměstí 41, Nové Město, Tel. 296 110 372, www.neoluxor.cz, Mo–Fr 8–20, Sa 9–19, So 10–19 Uhr
Im größten Buchladen der Stadt, direkt am Wenzelsplatz, kann man auf mehreren Etagen stöbern und einen Kaffee im ersten Stock genießen. Pragensien und Stadtpläne befinden sich im Erdgeschoss, Bücher in Fremdsprachen sind dagegen im Untergeschoss zu finden.

Palladium (Neustadt, Tour 2, Seite 13)

Náměstí Republiky 1, Nové Město, Tel. 225 770 250, www.palladiumpraha.cz, Do–Sa 9–22, So–Mi 9–21 Uhr
Aus einer nicht mehr genutzten Kaserne am Platz der Republik wurde ein modernes Einkaufszentrum mit über 200 Shops von Kleidung bis zu Elektronik. 22 Essenstationen im Food Court auf der obersten Etage bieten Getränke und Fast Food aus vielen Ländern. Mit Tiefgarage und Metroanschluss.

Stará kamna **(Kleinseite, Tour 14, Seite 63)**
Karmelitská 21, Malá Strana, Tel. 257 534 203,
www.starakamna.cz,
Mo–Fr 10–18,
Sa/So 12–18 Uhr

Wunderschöne restaurierte und funktionstüchtige alte Originalöfen und Herde verkauft dieses kleine Geschäft auf der Kleinseite. Interessante Mitbringsel sind unter anderem auch Repliken von altem Ofenzubehör oder originellen Kuchenbackformen.

U zlaté číše **(Kleinseite, Tour 16, Seite 69)**
Nerudova 16, Malá Strana, Tel. 257 531 393,
www.antikvariatnerudova.cz, Mo–Fr 10–13, 14–18,
Sa/So 11–18 Uhr

In dem gut sortierten Antiquariat Zum goldenen Kelch in der Nerudagasse zwischen Kleinseitner Ring und Prager Burg findet sich auch viel deutsche Literatur, auch sehr schöne Pragensien, die das schöne alte Prag zeigen.

V Ungeltu **(Altstadt, Tour 3, Seite 17)**
Týn 10, Staré Město, Tel. 224 826 527, tgl. 10–20 Uhr

Außergewöhnlich originelle, handgefertigte böhmische Marionetten findet man in diesem wundervollen Spielzeugladen im Teynhof, ebenfalls im Angebot: kreatives Holzspielzeug.

Das Prager Nachtleben ist aufregend und experimentierfreudig. Besonders in der Altstadt wimmelt es nur so von Bars und Clubs, häufig kommen neue Trendsetter hinzu. An fast jedem Abend kann man zwischen mindestens zehn Konzerten und ebenso vielen Live-Auftritten von Bands und Solisten wählen. Längst treten hier auch die internationalen Größen des Showbusiness auf, ob in kleineren Hallen oder gleich im Stadion. Außerdem zählt Prag seit Jahrzehnten zu den bedeutenden europäischen Jazz-Zentren, vom traditionellen Dixieland bis zur Avantgarde ist praktisch alles zu finden.

Bar and Books **(Vinohrady, Tour 26, Seite 111)**
Mánesova 64, Vinohrady, Tel. 222 724 581,
www.barandbooks.cz, tgl. 17–3 Uhr

Die amerikanisch angehauchte, in tiefes Dunkelrot getauchte Bar als Ableger von New York serviert spritzige Cocktails, Whiskey und edle Zigarren im Souterrain eines alten Hauses im vornehmen Wohnviertel Weinberge.

Buddha-bar **(Altstadt, Tour 10, Seite 47)**
Jakubská 8, Staré Město, Tel. 221 776 400,
www.buddha-bar-hotel.cz

Die CDs der Pariser Buddha-bar sind vermutlich weltbekannt. Nun hat auch Prag eine entsprechende Bar im Stil der Pendants in Paris und anderen Weltstädten. Angegliedert sind ein Restaurant mit Buddha-Statue und ein gleichnamiges Boutiquehotel.

Cloud 9 Sky Bar & Lounge **(Karlín, Tour 24, Seite 101)**
Pobřežní 1 (im Hotel Hilton Atrium), Karlín, Tel. 224 842 999,
www.cloud9.cz, Mo–Sa 18–2 Uhr

In der neuen Sky Bar in der neunten Etage des Hilton Prague Hotels im Stadtteil Karlín am nordöstlichen Ende der Neustadt zeigt sich die beleuchtete Stadt von einer ganz anderen Seite – herrlicher Blick auf die Moldau bei süffigen Drinks.

Duplex **(Neustadt, Tour 1, Seite 11)**
Václavské náměstí 21, Nové Město, Tel. 732 221 111,
www.duplex.cz

Der schillernde Nachtclub, in dem Rockstar Mick Jagger seinen 60. Geburtstag feierte, befindet sich in der Mitte des belebten

Wenzelsplatzes oberhalb des Kaufhauses Debenhams in einem gigantischen Glaskubus.

Futurum **(Smíchov, Tour 30, Seite 125)**
Zborovská 7, Smíchov, Tel. 257 328 571, www.musicbar.cz
Der Rockclub im Nationalhaus des Stadtteils Smíchov, westlich des Zentrums, zieht schon seit über zwei Jahrzehnten Musikliebhaber zu rockigen Live-Konzerten nationaler und internationaler Bands an.

James Dean **(Altstadt, Seite 4, Tour 23)**
V Kolkovně 1, Staré Město, Tel. 606 979 797, www.jamesdean.cz, tgl. 8–6 Uhr

In bester Lage in den Gassen rund um den Altstädter Ring finden Nachtschwärmer im oberen Bereich ein Burger-Restaurant sowie im Gewölbekeller einen der angesagtesten Music Clubs für die schöne Jugend von heute.

Palác Akropolis **(Žižkov, Tour 25, Seite 105)**
Kubelíkova 27, Žižkov, Tel. 296 330 911, www.palacakropolis.cz, Mo–Do 11–0.30, Fr 11–1.30, Sa/So 15–0.30 Uhr
Das Akropolis ist seit Jahren der Fixpunkt im Nachtleben des wilden Arbeiterviertels Žižkov mit alternativen Konzerten, Partys, Aufführungen und Ausstellungen, dazu ein eigenes Restaurant und ein Café.

Radost FX (Vinohrady, Tour 26, Seite 111)
Bělehradská 120, Vinohrady, Tel. 224 254 776, www.radostfx.cz, Do–Sa 22–5 Uhr

Schon seit Jahren ein Dauerbrenner: Nicht nur hier lebende Amerikaner gehen gerne in diese beliebte Diskothek mit bekannten DJs, gelegentlichen Live Acts, toller Bar und kleinem vegetarischen Café.

SaSaZu (Holešovice, Tour 22, Seite 92)
Bubenské nábřeží 13, Holešovice, Tel. 284 097 455, www.sasazu.com

Wer allerfeinste Asia-Fusion-Küche mag, ist in den Genusswelten von SaSaZu im siebten Himmel. Und wer richtig abtanzen möchte, findet in derselben Halle einen Music Club der Extraklasse.

U malého Glena (Kleinseite, Tour 15, Seite 62)
Karmelitská 23, Malá Strana, Tel. 257 531 717, www.malyglen.cz, So-Fr 10–2, Fr/Sa 10–2.30 Uhr

Unter den Prager Jazz Clubs sticht der musikalisch gut durchmischte Musikkeller »Beim kleinen Glen« hervor. Die Mischung aus Jazz, Blues und Rock zieht sowohl Einheimische als auch Expats an.

Frühling

März: Febiofest: internationales Filmfestival in Prag, www.febiofest.cz.

März/April: Matějská pouť: Matthias-Kirmes im Ausstellungsgelände. **Ostern:** Ostermärkte mit bunten Eiern und Kunsthandwerk am Altstädter Ring und Wenzelsplatz. Achtung vor einheimischen Jungen, die nach altem Brauch den Mädchen mit Ruten ihre Zuneigung zeigen. **Pferderennen:** Beginn der Saison auf der Galopprennbahn in Prag-Chuchle.

Mai: Erster Mai am Laurenziberg: Die Frauen lassen sich unter einem blühendem Baum küssen, dem Aberglauben nach hält die Liebe dann für das nächste Jahr. **Prager Frühling:** Das Kulturereignis des Jahres mit internationalen Spitzenorchestern und -solisten immer ab 12. Mai, www.festival.cz. **Marathon:** der klassische Lauf über volle 42 km Länge führt auch über die Karlsbrücke und die Prager Burg, www.runczech.com. **Fringe Festival:** Coole Mischung von Theater, Comedy und Musik in kleinen Theatern, www.praguefringe.com. **Prague Food Festival:** Gourmetrestaurants präsentieren kulinarische Happen Open Air auf dem Gelände der Prager Burg. **Bierfestival** am Messegelände Prag-Letňany in der zweiten Maihälfte, www.ceskypivnifestival.cz.

Sommer

Juni: United Islands: das größte Open-Air-Musikfestival auf der Schützeninsel und anderen Moldauinseln, www.unitedislands.cz.

Juli: **Folklore Days:** internationale Folklore-Veranstaltungen und Open-Air-Aufführungen, www.praguefestival.cz.

August: **Prague Open:** Das ATP-Tennisturnier findet auf der Moldauinsel Štvanice statt, www.pragueopen.cz. **Prager Jahrmarkt:** Folklore-festival mit Theater und Kunstwerk an verschiedenen Standorten in der Stadt, www.pjarmark.cz.

Herbst

September: **Dvořák's Prague:** Internationales Musikfestival zu Ehren des großen Komponisten, www.dvorakovapraha.cz/en. **Prague Fashion Week:** Prag wird zum Laufsteg der internationalen Mode und Models, www.prague fashionweek.com.

Oktober: **Jazzfestival:** internationale Jazzgrößen in allen Jazzlokalen der Stadt, www.jazzfestivalpraha.cz.

November: **Theaterfestival der deutschen Sprache:** Highlight auf mehreren Bühnen der Stadt, www.theater.cz.

Winter

Dezember: **Weihnachts-märkte:** besinnliche Adventsstimmung am Altstädter Ring, Wenzelsplatz und Náměstí Míru (Vinohra-dy), Schlittschuhfahren am Ovocný trh in der Altstadt hinter dem Ständetheater.

Februar: **Prager Karneval:** Wieder belebte Tradition aus dem Mittelalter, www. carnevale.cz. **Opernball:** großer philanthropischer Anlass in der Staatsoper.

Anreise

▮ **Flugzeug:** Der internationale Václav-Havel-Airport (www.prg.aero) liegt 20 km westlich der Stadt. **Taxis** und **Linienbusse** verbinden den Flughafen mit der **Metro**: Bus 119 bis Dejvická (Ⓜ A) und Bus 100 bis Zličín (Ⓜ B).

▮ **Bahn:** Die meisten Fernzüge aus Hamburg und Wien treffen am Prager Hauptbahnhof (Praha hlavní nádraží) ein, einige wenige auch am Bahnhof Prag-Holešovice. Die DB bedient München und Nürnberg ab Nürnberg per IC-Bus.

▮ **Auto:** Zur Benutzung von Autobahnen und Schnellstraßen ist an der Grenze eine **Vignette** zu lösen, erhältlich für 10 Tage, ein Monat bzw. für ein Kalenderjahr. Für den Fahrer herrscht **absolutes Alkoholverbot**. Auch tagsüber ist das **Abblendlicht** einzuschalten. **Tempolimit** für Pkws: 50 km/h innerorts, 90 km/h auf Landstraßen, 130 km/h auf Autobahnen und Schnellstraßen.

Botschaften

▮ **Deutschland:** Vlašská 19, Malá Strana, Tel. 257 113 111, www.prag.diplo.de

▮ **Österreich:** Victora Huga 10, Smíchov, Tel. 257 090 511, www.aussenministerium.at/prag

▮ **Schweiz:** Pevnostní 7, Střešovice, Tel. 220 400 611, www.eda.admin.ch/prag

Eintrittskarten

▮ **Ticketpro:** Staroměstské náměstí 3 (im Altstädter Rathaus), Staré Město, Tel. 234 704 234, www.ticketpro.cz

▮ **Bohemia Ticket International:** Na Příkopě 16, Nové Město, Tel. 224 215 031, www.bohemiaticket.cz

Feiertage

Neujahrstag; Ostermontag; 1. Mai (Tag der Arbeit); 8. Mai (Tag der Befreiung vom Faschismus), 5. Juli (Tag der Slawenapostel Kyrill und Method); 6. Juli (Johannes-Hus-Tag); 28. Sept. (Tag des hl. Wenzel); 28. Okt. (Staatsfeiertag); 17. Nov. (Tag des Kampfes für Freiheit und Demokratie); 25. und 26. Dez. (Weihn.).

Geld

Währung ist die tschechische Krone (koruna), abgekürzt Kč oder CZK. Es gibt Scheine zu 100, 200, 500, 1000, 2000 und 5000 Kronen sowie Münzen zu 1, 2, 5, 10, 20 und 50 Kč. Am besten Geld vom Bankomaten per Maestro/ec-Karte ziehen oder in Banken tauschen. Hotels und Wechselstuben erheben Gebühren.

Notruf

- Erste Hilfe, Tel. 155 und 112
- Feuerwehr, Tel. 150
- Polizei, Tel. 158
- Stadtpolizei, Tel. 156
- Unfalldienst, Tel. 1230 und 1240

Sicherheit

Trotz hoher Präsenz von Sicherheitskräften aufgepasst vor Trick- und Taschendieben, besonders Im Umfeld von touristischen Sehenswürdigkeiten und in Straßenbahnen.

Telefon

Alle Telefonanschlüsse außer Sondernummern sind neunstellig, es gibt keine Ortsvorwahlen. O2, T-Mobile und Vodafone bieten günstige SIM-Karten an. Internationale Vorwahl: 00420.

Touristeninformation

- **PIS**: Prager Info-Service im Altstädter Rathaus. Staroměstské náměstí 3, Staré Město, Tel. 221 714 444, www.praguewelcome.cz
- **CzechTourism**: Vor allem touristische Infos über das Land und die Umgebung von Prag. Staroměstské náměstí 5, Staré Město, Tel. 224 861 587, www.czechtourism.com

Öffentliche Verkehrsmittel

▮ Die drei **Metrolinien A, B und C** sowie **Straßenbahnen** und **Busse** verkehren von 5–24 Uhr, tagsüber im 2- bis 10-Min.-Takt, abends alle 15 Min. Nach Mitternacht verkehren Busse und Straßenbahnen auf speziellen Nachtlinien (alle 20–30 Min.). Für alle drei Verkehrsmittel gelten die gleichen **Fahrkarten**, erhältlich am Automaten nur mit Münzen sowie in manchen Metrostationen und an Zeitungskiosken auch gegen Geldscheine. Die **Geltungsdauer** beginnt mit der unbedingt erforderlichen Entwertung. Eine 30-minütige Fahrt mit Umsteigen kostet 24 Kč, für 90 Min. sind es 32 Kč. Eine Tageskarte zu 110 Kč gilt 24 Std., für 310 Kč kann man 72 Std. fahren. Länger geltende Tickets erhalten Prager Einwohner als Aufladung der sogenannten Opencard.

▮ Für **Nostalgiker** empfiehlt sich eine Fahrt mit den historischen Waggons der Linie 91, die zwischen Prager Burg und Ausstellungsgelände via Wenzelsplatz verkehren (35 Kč).

▮ Die **Seilbahn** fährt von der Kleinseite auf den Laurenziberg und wird mit 32-Kronen-Tickets bezahlt.

Sightseeing

Die Fußgängerstadt sollte man vor allem per pedes erkundigen, dazu lohnen sich geführte Spaziergänge. Oder man setzt sich in Busse, Kutschen oder Oldtimer.

▮ **Martin Tour**, Tel. 224 212 473, www.martintour.cz. In klimatisierten Minibussen ab Platz der Republik gegenüber dem Gemeindehaus durch ganz Prag.

▮ **Prague Walks**, Tel. 608 973 390, www.praguewalks.com. Spaziergänge ab Altstädter Rathaus durch die wichtigsten

Viertel, auf den Spuren von Kafka, durch Altprager Wirtshäuser oder auf einer esoterischen Geistertour u.a.

- **History Trip,** Tel. 776 829 897, www.historytrip.cz. In rechtsgelenkten Oldtimern der Marke Praga geht aus auf dem Kopfsteinpflaster durch Altstadt und Kleinseite. Treffpunkt in der Mostecká bei der Karlsbrücke.

Moldaufahrten

Die meistfrequentierte Anlegestelle für die Dampferfahrten auf der Moldau liegt an der Čechův most beim Hotel InterContinental am Ende der Pariser Straße.

- **Prague Boats,** Tel. 224 810 030, www.prague-boats.cz. Vor allem regelmäßiger Linienverkehr mit ein- oder zweistündigen Fahrten, teilweise inkl. Essen. Die Flotte umfasst auch das Jazzboat für einen unvergleichlichen Abend.
- **Prague Venice,** Tel. 776 776 779, www.prazskebenatky.cz. Die kleinen Schiffe fahren ab Kampa-Insel oder von der Altstädter Seite und durchqueren auch den Teufelsbach (Čertovka).

Taxi

Leider verlangen wenige schwarze Schafe unter den Taxifahrern überhöhte Preise von Touristen. Am besten Taxis an entsprechend gekennzeichneten Standplätzen aufsuchen und besonders abends den Fahrpreis im Voraus abmachen. Bewährt haben sich folgende Zentralen mit Dispatching-Service und Apps für die Bestellung via Smartphone:

- **AAA** (Tel. 14014, www.aaataxi.cz) mit gelben Taxis
- **Tick Tack** (Tel. 14222, www.ticktack.cz) mit komfortablen weißen Audi A6
- **Taxi Praha** (Tel. 222 111 000, www.taxi-praha.cz) günstig

Der Autor:

Gunnar Habitz arbeitet in Zürich als internationaler Manager in der IT-Branche. Er berichtet seit vielen Jahren über gastronomische und kulturelle Aspekte der Moldaumetropole in der »Prager Zeitung« und anderen Medien. Der Schweizer Autor mit Bremer Wurzeln veröffentlichte zahlreiche Reiseführer, Hotelführer und Reiseberichte über Tschechien, die Schweiz und den Bodensee. www.habitz.ch

Impressum

Bei Interesse an maßgeschneiderten POLYGLOTT Produkten:
Tel. 089/450 00 99 12/veronica.reisenegger@travel-house-media.de
Bei Interesse an Anzeigen:
KV Kommunalverlag GmbH & Co KG/Tel. 089/928 09 60
info@kommunal-verlag.de

Verlagsleitung: Michaela Lienemann
Redaktionsleitung: Grit Müller
Autor: Gunnar Habitz
Bildredaktion: Ulrich Reißer
Lektorat: Buch und Gestaltung, Britta Dieterle und Heide Ilka Weber
Layout: Polyglott Chaos Productions, München
Umschlaggestaltung: 4S_art direction, Svea Stoss, Köln
Satz: Buch und Gestaltung, Britta Dieterle
Karten und Pläne: Gecko-Publishing, Bad Endorf

Druck und Bindung: Drukarnia Dimograf Sp.zo.o. (Polen)
Umwelthinweis: Dieses Buch wurde auf chlorfrei gebleichtem Papier gedruckt. Um Rohstoffe zu sparen, haben wir auf Folienverpackung verzichtet.

ISBN 978-3-8464-6203-4

TRAVEL HOUSE MEDIA

Ein Unternehmen der
GANSKE VERLAGSGRUPPE

Bildnachweis:

Alamy/CTK: 106-1; Alamy/Peter Eric Forsberg: 77; Alamy/Imagebroker: 90; Alamy/Isifa Image Servive: 93; Crowne Plaza: 89-2; Divadlo Metro: 30; Fotolia/Alexandr: 66; Fotolia/anibaltrejo.com: 38; Fotolia/anyaivanova: 81; Fotolia/Artush 2013: 37; Fotolia/emillcroff: 86; Fotolyia/fyle: 22; Fotolia/JuHer: 12; Fotolia/Sergey Kelin: 120; Fotolia/josefkubes: 106-2; Fotolia/Anne Lurye: 96; Fotolia/marykut: 84; Fotolia/Munich_01: 57; Fotolia/oloololo: 56; Fotolia/petrvorbis: 121; Fotolia/pure.passion.photo: 64; Fotolia/stavrida: 20; Fotolia/Tilio & Paolo: 25-1; Fotolia/Andrea Todeschini: 62; Fotolia/Frederico Vitali: 60; Galerie hlavniho mesta Prahy: 46; Glow Images/Nico Stengert: 68; Glow Images/SuperStock: 33; Hotel Aria: 128; Hotel Boscolo Carlo IV: 6-1, 129; Hotel Intercontinental: 21; Hotel Paříž: 130; Gunnar Habitz: 6-2, 6-4, 17, 36, 42, 45, 48, 50, 52, 70, 76, 85, 89-1, 132, 133, 135, 136, 137, 138, 141, 143, 146, 147; Jahreszeitenverlag/Jan Brettschneider: 34-1, 34-2; Jahreszeitenverlag/Julia Knop: 101; Jewish Museum Prague: 26; Kocarzvidne.cz: 134; laif/hemis.fr/Patrice Hauser: 116; Leica Gallery Prague: 44; LOOK-foto/age fotostock: 49; Mauritius Images/Alamy: 125-1; Christoph Mohr: 6-3, 9, 13, 28, 29, 40, 41, 69, 80, 97-2, 100, 108, 112, 114, 122, 124, 131, 139, 140, 142, 144; Národní dům Na Smíchově: 125-2; Národní muzeum: 117; Marin J. Polák: 102; shutterstock/abxyz: 74; shutterstock/Anastasios71: 113; shutterstock/Artush: 72; shutterstock/ courtyardpix: 65; shutterstock/dnaveh: 94-2; shutterstock/Emka74: 61; shutterstock/Estea: 25-2; shutterstock/Rostislav Glinsky: 18; shutterstock/ Josef Hanus: 94-1; shutterstock/Nataliya Hora: 14; shutterstock/hornyak: 78; shutterstock/Intrepix: 8; shutterstock/Eugene Ivanov: 10, 110; shutterstock/Jule_Berlin: 97-1; shutterstock/Mikhail Markovskiy: 109; shutterstock/Dominic Michalek: 53; shutterstock/mskorpion: 16; shutterstock/Pecold: 73; shutterstock/ sansa55: 98; shutterstock/Krzysztof Slusarczyk: 82; shutterstock/Sofron: 118; shutterstock/Boris Stroujko: 58; shutterstock/Evgeniya Uvarova: 54; shutterstock/yuri4und80: 105.

www.polyglott.de

Liebe Leserin, lieber Leser,

wir freuen uns, dass Sie sich für diesen POLYGLOTT zu Fuß entdecken entschieden haben. Unsere Autorinnen und Autoren sind für Sie unterwegs und recherchieren sehr gründlich, damit Sie mit aktuellen und zuverlässigen Informationen auf Reisen gehen können. Dennoch lassen sich Fehler nie ganz ausschließen. Wir bitten Sie um Verständnis, dass der Verlag dafür keine Haftung übernehmen kann.

Ihre Meinung ist uns wichtig. Bitte schreiben Sie uns:

TRAVEL HOUSE MEDIA GmbH, Redaktion POLYGLOTT,
Grillparzerstraße 12, 81675 München, redaktion@polyglott.de